영원을 꿈꾸다

초록숲 시인선 001

영원을 꿈꾸다

초판인쇄 2011년 10월 7일
초판발행 2011년 10월 12일

지은이 | 조동화
펴낸이 | 박숙희
펴낸곳 | 도서출판 초록숲
등록번호 | 505-2010-000003
등록일자 | 2010.10.27

주소 | 780-240 경북 경주시 도지동 295
전화 | (054) 748-2788
팩스 | (054) 748-2788
E-mail | cls2010 @naver.com

값 10,000원
ISBN 978-89-965370-2-1-03810

*저자와 협의 하에 인지를 생략합니다.
*이 책의 판권은 초록숲에 있습니다.
 양측의 서면 동의 없이 무단 전재 및 복제를 금합니다.
*잘못된 책은 바꾸어 드립니다.

초록숲 시인선 001

영원을 꿈꾸다

조동화 시집

도서출판 초록숲

□ 시인의 말

　일곱 번째 시집을 묶는다.
　78년 등단 이후 나이 예순넷이 되도록 그리 다작(多作)은 아니더라도 손 놓지 않고 시조를 써온 셈이니 어언 33년만이다.
　부지런한 시인이라면 열 몇 권의 시집을 내기에도 족한 세월이건만, 이렇게 마냥 거북이걸음이다.
　나는 내 발걸음이 어디까지 닿을는지 알지 못한다. 그러나 어느 날 홀연히 주께서 내 이름을 부르시는 그 시각까지 뚜벅뚜벅 가려고 한다. 나의 시 역시 그날까지 나와 함께 하리라 믿는다.

2011년 가을
悠然見南山齋에서
조동화

■ 차례

제1부

처서 무렵 13
향기를 털다 14
청둥오리 가네 15
나무의 말 16
산의 잠언 17
첫 흔적 18
이팝나무 19
노래 20
부재(不在) 21
꽃밭 22
나무는 23
소포를 받다 24
구절초 25
비파꽃 26
다시 가을에 27
솔숲에서 28
그 집칸 어찌 알고 29

제2부

고비사막 신기루 33
온달산성 34
대가야 가서 35
청령포(淸怜浦) 36
추사적거지에서 37
푸른 증언 38
아우라지 가서 39
동행 40
겨울, 나리분지 41
너와집 42
순천만 43
박재삼문학관 소견(所見) 44
마라도 시초(詩抄) 45
지심도 일박(一泊) 47
청마 생가(生家) 48
꽃지바다 일몰 49
간묘(諫墓)에서 50

제3부

빛 55
묵시록을 읽다 56
월식(月蝕) 57
그 밭에 금맥 묻힌 줄 58
지도(地圖) 이야기 59
영원의 임자 60
중심에 대하여 61
이 장막 무너진 뒤에야 62
묵시(默示) 63
출사표 64
나의 믿음 65
동아줄 잡기 66
위대한 거처(居處) 67
이제 사다리 한 채 68
아름다운 사람 70
지도(地圖) 읽기 71
영원을 꿈꾸다 72

제4부

다림줄에 관하여 75
주차장에서 76
브레이크를 밟다 77
목련 78
시인(詩人) 79
동작 그만 80
시간 속에서 81
나무 같은 사람아 82
어떤 싸움 83
그리운 편지 84
시계 85
덫 86
겨울나무 87
초해전술(草海戰術)에 맞서다 88
부사리 89
얼음새꽃 90
바위 91

제5부

시법(詩法) Ⅰ 95
시법(詩法) Ⅱ 96
여울 97
실종(失踪) 98
현장 99
마법(魔法) 100
설날 아침 101
뚱딴지 102
아무 말 아니해도 103
수크령 꽃 필 때면 104
때로는 사람도 105
장독대 추억 106
코밑에 입도 없는 듯 107
겨울 폭포 108
우륵 109
폭설 110
강 111

■ 해설
민병도┃왜 시조인가에 대한 향기로운 대답 115
조동화┃사족(蛇足) 132

제1부

향기를 털다

처서(處暑) 무렵

오랜 정박 끝에 여름 선단 줄이어 뜬 뒤
이 며칠 가을 배들이 속속 닻을 내린다
연보라 벌개미취를 무더기로 켜들며

벌써 어디 없이 부산한 하역작업
이맘때 붉은 상수리 툭툭 비탈을 굴러
철부지 다람쥐 놈들 때 이르게 바쁘겠네

하루쯤 말미 얻어 나는 또 떠나리라
깊은 산 그 옹달샘 지는 잎에 묻히기 전
말없이 우수에 잠길 한 사내를 만나러

향기를 털다

1
하루가 다르게 들판이 비어갈 때쯤
비로소 온 몸으로 들깨는 물이 든다
미각을 돋우던 잎이며,
그 탐스런 씨방이며…

2
노랗게 숙잠(熟蠶)처럼 익어 있는 대궁들을
낫으로 삭둑삭둑 밭둑에 뉘어만 둬도
내 흡사 만석꾼처럼
호사스런 가을날

3
며칠 새 적갈색으로 잘 마른 들깻대들
도래방석 깔아놓고 서너 아름 아껴 털면
들깨가 서 되가웃에
향기는 석 섬 닷 말!

청둥오리 가네

삼월 하늘에 뜬
한 떼의 청둥오리

겨우내 먹고 날고 다시 먹고 또 날더니
보이지 않는 내공을 죽지 속에 숨긴 저들

씩씩한 걸음걸이로 북녘 길 떠나가네
대장의 구령 따라 일사불란 삼엄한 행군
드넓은 하늘 연병장
가물가물 건너가네

나무의 말

두 장 떡잎으로 첫걸음 떼던 날부터
온몸 사다리 세워 허공을 내딛었다
바람이 흔들 적마다 땅속 깊이 추를 내리며

오르면 오를수록 하늘은 아득해도
결연히 세워보는 드높은 우듬지 끝
밤이면 영롱한 별들이 영락(瓔珞)인 양 빛났지

애써 얻은 높이도 더러는 시들해져
쓰디쓴 뉘우침에 물든 옷 훌훌 벗고
자욱한 눈보라 속으로 떠나보던 먼 순례(巡禮)…

한 바퀴 돌고 오면 새로워라, 삶은 문득
언 몸 마디마디 더워오는 봄 햇살에
또 한 층 풀빛 노래로 내가 나를 오른다

산의 잠언

으늑한 골짜기엔 으레 말씀이 있다
가늠 못할 깊이에서 돌 틈 비집고 나와
아래로, 아래로 풀리는 긴 긴 이야기 있다

벼랑 밑 너덜겅을 사람들 시시로 와
타래 긴 중간토막 느닷없이 베어 먹어도
때마다 아무 일 없는 듯 이어지는 저 입담

가파른 비탈에선 낭랑한 음성이다가
아찔한 단애에선 희디흰 질타지만
바위들 이끼를 입고 경청하는 산의 잠언

굽이굽이 곤한 여정 목소리 다 잠기고
때 절은 한 벌 남루로 큰 품에 안겨들 때
비로소 수고 다 끝나 부활하는 노래가 있다

첫 흔적

큰 바다
밤새도록
타이르고
떠나간 뒤

흠과 티
하나 없이
누그러진
가슴팍을

도요새
가는 발목이
찍어 넣는
첫 흔적!

이팝나무

이팝꽃
흐드러져서야
가까스로
알아보네

겨우내
하늘가에
세워뒀던
한 채 은유

이 봄날
더운 김 오르는
백설기
시루인 줄!

노래

잠결에 돌아눕다 눈이 떠진 새벽녘
느닷없이 찾아와 어깨 툭 치는 친구
무소식 수십 년 만에 대체 어인 일인가

소매며 뒷단이며 동정마저 다 닳아
가까스로 두어 소절 앞섶만 걸친 몰골
그동안 무얼 하느라 그리 적조했던고

아리아리 거닐던 모롱이들 삼삼한데
가만있자 우리 친구 함자가 어찌되더라?
신명도 낯익은 그를 부여잡고 목이 메다

부재(不在)

날마다
쓸고 닦던
홀어미
어딜 갔나

작은 집
작은 마당이
며칠째
비어 있다

장독대
둘레를 따라
천일홍
흔들어놓고…

꽃밭

소란히
떼로 몰려온
작달비
발길질에

눈물
범벅되도록
찢기고
꺾이고서도

만면에
웃음을 띤 채

맞춰보는
천상의
화음!

나무는

나무는 가슴속에 은밀한 손이 있다
겨우내 일손 놓고 우두커니 선 듯해도
안으로 색종이 썰어 꽃과 잎을 접는 손

막 던진 쟁이처럼 사방으로 뻗은 가지
촘촘히 하늘을 받친 그 숱한 깃대 끝에
일제히 큰상 내오듯 봄 잔치를 차리는 손

작고 바지런하고 잽싸면서 또 정교해
때 맞춰 잎새 사이 열매까지 달고 가는
아무도 본 적이 없는 우렁각시 손이 있다

소포를 받다

추녀 밑에 달아뒀던 옥수수 씨앗 몇 통
아지랑이 아른대던 사월 하루 밭이랑에
공손히 허리를 굽혀 부쳤을 따름인데요
파릇이 돋은 홑잎 좌우로 잎을 낼 때
그 잎들 너울너울 제 키를 높여갈 때
두어 차례 호미로 매고 북 주었을 뿐인데요
등성이를 삼키고 산봉을 꿀꺽하고
서녘하늘 타는 노을 죄다 베어 먹기까지
일어선 초록 물결을 그저 지켜만 봤는데요

뜻밖에
아, 오늘 내게
소포가 왔습니다
빽빽이 여문 보석 겹겹 비단에 싸서
예쁘게 수실도 늘인
한 아름의 소포가요!

구절초

지난봄
눈뜬 약속
긴 여름
무사히 건너

가을도
저문 막바지
그 소슬한
말기 위에

마침내
구멍을 내고
끼우는
눈부신
단추!

비파꽃

봄부터
가을까지
그 온갖
수다가 싫어

비파나무
비파꽃은
섣달에야
말문을 여네

이 엄동
잔칫날처럼
등에 떼들
다 불러

다시 가을에

하늘이 너무 아득해 두충나무 잎은 지고
뚱딴지 대궁들도 암갈색을 띄는 무렵
스산한 가을의 끝에 또 한 번 나는 섰네

귓등을 넘어오는 억새꽃도 속절없지만
달포 전 삔 무릎이 여전히 시큰거리는
다 낡은 몸 하나 추슬러 용케 예까지 왔네

가져가지 못할 바엔 욕심은 부질없는 것
가진 모든 것을 영원에나 투자하며
양날의 칼 한 자루 들고 또 한 준령 넘자 하네

솔숲에서

 호수의 밑바닥을 천천히 걸어간다 서른 자 안팎으로 물처럼 고인 그늘 거대한 수중생물들 꿈틀대는 그 사이

 햇빛을 먹이로 삼는 희귀한 어족들인가 외다리 아랫도리 기둥처럼 세워둔 채 일제히 초록 얼굴들을 하늘로 디밀고 있다

 보아라, 어디 없이 냉혹한 생존의 장(場) 혈족과 이웃마저 밟고 서지 못하는 한 단 몇 치 모자란 키도 익사체(溺死體)로 서는 곳

 바닥에 몇 백 년째 벗은 옷 썩어가고 여기저기 누운 주검 삭아 흙이 될수록 창창한 아름드리 사이 수심(水深) 더욱 깊어간다

그 짐칸 어찌 알고

투명한
바람수레
그 짐칸
어찌 알고

꽃들은
소복소복
제 향기
실어 보내나

재 너머
환한 소식들
귀먹어도
다 들려!

제2부

아우라지 가서

고비사막 신기루

아침부터 내달리는 장엄한 칭기즈칸의 땅
물 실린 먼 호숫가, 풀밭이며 우거진 숲
해종일 가고 또 가도
다가오지 않는다

홀연 차 앞을 질러가는 가젤 몇 마리
바로 그 등 너머로 아득히 호수가 있다
끝끝내 다다라 보면
자취조차 없는 것들

나이 쉰여덟에야 비로소 나 알겠네
한사코 붙잡겠다고 숨 가삐 쫓아온 것들
그 모두 그림자임을
부질없는 신기루임을…

온달산성

첩첩한 소백준령과 굽이치는 남한강이
엎드려 조아리듯 한눈에 드는 산정(山頂)
천년을 이끼로 입은 채 옛 요새는 있었다

우직한 온달이와 억척스런 평강이가
평생을 다 기울여 영원 속에 가꾼 설화(說話)
한 떨기 붉은 꽃으로 흐드러져 있었다

대륙을 말달리던 용맹스런 수렵(狩獵)의 나라
누구도 우리에게서 빼앗을 수 없는 그 나라
고구려, 아아 고구려가 거기 함께 있었다

대가야 가서

천년이 오갔어도 그제 같은 대가야국
왕들은 왕들끼리 산 위에 둘러서고
백성은 또 백성끼리 그 산 밑에 모여 살더라

나이를 더는 안 먹는 열아홉 환한 옛 봄
은비늘 반짝이는 낙동강 거슬러 와
또 한 번 잎과 꽃으로 궁전 한 채 일으키더라

큰 나라 섬기러 떠나 돌아오지 않는 이여
두고 간 산이며 들, 그 애끊는 가얏고 한 채
바람이 저 홀로 겨워 울먹울먹 뜯고 있더라

청령포(淸怜浦)

해자(垓字)보다 깊은 강이 삼면을 돌아나가고
남은 한쪽마저 석벽이 깎아지른 곳
섬보다 외진 솔숲에 한 나라가 있었네

나무가 백성이면 관음송*은 대신(大臣)일다
오막살이만한 어가(御家), 시종 하나 거느리고
열일곱 어린 왕 혼자 다스리는 작은 영토

맹수처럼 윽박지르던 무리들 다 돌아가고
쓸쓸함도 그리움도 몸에 밴 우리 전하
밤마다 자규(子規)로 우는 눈물 왕국 게 있었네

*천연기념물 349호로 높이 30여m, 둘레가 6m나 되는 수령 600년의 노송. 당시 단종의 모습을 보고 그 음성을 들었다 하여 관음송(觀音松)이라는 이름이 붙여졌다 한다.

추사적거지*에서

아득한 물길 너머 섬만도 감옥인데
기껏 이백 평 남짓 탱자울에 다시 갇혀
십 년에 일 년을 감한 긴 세월을 났다니!

웬만한 심지(心志)라면 병이 되었을 적거(謫居)
근동의 아이들을 혈육처럼 깨우치며
먹물로 다스린 고뇌를 추사체라 이르던가

산이 앞을 막아서면 멀리 굽이치는 강
끝내 저를 낮추어 한바다에 이르듯
세한도 휘어진 솔가지 사뭇 눈이 시리다

*추사적거지(秋史適居地). 제주도 남제주군 대정읍 안성리에 위
치한 추사 김정희의 유배지

푸른 증언

가지산 석남사 초입 아름드리 소나무들
큰 흉터 하나씩 아랫배에 두르고 산다
칠십 년 저편인데도 어제처럼 살 떨리는

정신대, 징용, 공출로 반도가 신음할 때
이 땅의 나무들도 형극의 길 걸었느니
생가죽 벗겨낸 자리 하혈처럼 쏟던 송진

가해자는 쫓겨 갔으나 바다 건너 떵떵거리고
쇠잔한 피해자들 하나둘 먼 길 떠도
조선솔 생생한 증언 한 천년 더 푸르겠다

아우라지 가서

첩첩 산 너머 먼 땅 아우라지 가서 봤네
이 골 물 저 골 물이 몸을 섞는 두물머리
이 소리 저 소리도 만나
서로 손을 잡는 것을

강이 바다에 닿아 제 이름을 지우듯이
어디쯤 하늘 아래 에덴 같은 동산은 있어
이 설움 그리로 흘러 잦아들 날 있을까

여울보다 가늘면서 여울보다 멀리 울리고
상한 가슴일수록 채찍으로 휘감기는
지도도 그리지 못한
강 한 자락 나는 봤네

동행
— 메타세쿼이아 가로수길

지난겨울 담양 가서 문득 그들을 만났다
소쇄원에 잠시 들렀다 어디론가 가노라니
죽 뻗은 어느 한길 가를 그들은 걷고 있었다

굵고 튼튼한 다리, 하나 같이 훤칠한 키
즐겨 입던 초록외투 훌훌 벗은 맨몸으로
매서운 된바람 속을 성큼성큼 가고 있었다

키 작은 사람이라 홀대할 줄 모르고
작은 손 이끌어주던 어린 날 삼촌들처럼
그 하루 춥고 먼 길을 오래 함께 걸어주었다

겨울, 나리분지

빙 둘러 험한 단애 척박한 우산국에
가보지 않았다면 믿지 못할 비경 있다
은회색 봉우리들이 병풍처럼 둘린 평원

한 길이 훨씬 넘게 푸짐히 눈이 쌓여
분지 하나 새하얗게 섬 속의 섬이 되면
투막집* 고래 깊숙이 장작 좋이 지펴라

심 없이 연한 더덕, 소금에 절인 명이
한 삼동 꺼내먹다 생선 생각 간절하면
두 발에 설피를 신고 천부** 길을 나서리

*울릉도의 통나무집. 대개 방이 세 개 있고 집 주위에는 옥수숫대로 촘촘히 엮은 울타리를 처마 높이만큼 바싹 붙여 두름.
**경상북도 울릉군 북면에 있는 마을, 천부리(天府里). 울릉도의 북동쪽 끝자락에 자리하고 있음.

너와집

 강원도 깊은 산골 너와집 한 채 섰데 잘 마른 무시래기 옆구리 가득 달고 만석이 안 부러운 섶 뒤껼 가득 쌓아두고

 저 큰 산 석 자가웃 함박눈이 덥석 안아 너덜 길 가물가물 금세 다 지워지면 먼 바다 외딴 섬보다 더 아득할 너와집

 바위 밑 샘물 길어 수수밥에 시래깃국 아침나절 장작 패고 저녁나절 군불 지펴 밤마다 시나 읽으며 한 삼동(三冬) 나고 싶데

순천만

순천만
가서 봤다
칠면초밭
또 갈대숲

게도
짱뚱어도
뻘 깊이
잠든 겨울

아득히
새을(乙) 자를 쓰며
수평선에
닿는 강

박재삼문학관 소견(所見)

한 해가 저무는 섣달 스무아흐레
창선도 대교 건너 삼천포항에 갔다
노산에 거처를 정하신 스승님을 찾아서

때마침 산등에는 동백이 불이 붙어
명절날 큰집에 모인 어린 조카딸들처럼
깔깔깔 마구 터뜨린 떼 웃음이 한창이었다

그분은 스물 네다섯 삼촌의 옷차림으로
몸소 현관까지 마중을 나오시어*
정말로 오랜만이라며 사진 한 판 찍자시고…

삼층 전망대에 나란히 올라서니
남일대 코끼리바위 바다가 턱밑인데
저 멀리 공일날처럼 점점 섬이 떠있었다

*문학관 입구에 생전의 시인과 사진촬영을 할 수 있는 포토존이 설치되어 있다.

마라도 시초

<원경>
몽골 초원 한 뙈기를
뚝 떠다 부려 놓은 듯
타원형 풀밭 하나 물굽이에 실려온다
떠나온 모슬포항이
뒷덜미에
가물댈 즈음

<참새>
사람은 남의 말까지 익혀서 우쭐대지만
참새는 어디서나
제 말 하나 자랑스러워
쨱쨱쨱 정갈한 모어(母語)
풀꽃들을 깨우네

<백년초>
사철 드센 바람, 척박한 벼랑 위에
그 언제 이주해 와
몇 천 대를 살아왔나
몸으로 쌓은 가시성

오! 인고의 세월이여

<할망당>
일찍이 여기서도
한 죽음이 있었구려
열세 살 아기업개를
버리고 간 애틋한 전설
지금도 할망당이 남아
그 옛날을 말한다

<마라 분교장>
학생이 세 명뿐인
가파초등 마라 분교장
플라스틱 빈 병으로 축구가 한창이다
보아라, 수평선 위로
차올리는
이 땅의 내일!

지심도* 일박(一泊)

이월이면 어김없이 꽃 터널을 이뤘다지만
큰 바람** 할퀴고 간 섬은 처참했다
쓰러진 아름드리 동백을
톱질하는 민박집 주인

저녁에 아궁이에선 다비식이 이어졌다
사리 대신 구들목 가득
탁, 탁, 탁, 터지는 동백
그 뜨건 꽃숭어리에 묻혀 잠의 바다를 떠갔다

그 날 밤 나는 새도록 한 그루 동백이었다
내 몸이 변한 등걸에 잎 피우고 꽃도 피워
늑골이 허옇게 드러난
섬의 상처를 싸매는

*경상남도 거제시(巨濟市) 일운면(一運面) 지세포리(知世浦里)
에 속하는 섬. 동백이 많아 '동백섬'이라고도 불린다.
**2003년 9월에 한반도에 막대한 피해를 입혔던 태풍 매미

청마 생가(生家)

거제도 둔덕면 산방산 밑 방하리
옛일을 두루 지켜본 둥구나무 한 그루 섰고
그 곁에 돌담이 둘린 단아한 초가삼간

고작 세 살까지 살다 떠난 곳이긴 해도
깎아지른 뒷산 이마를 볼 만큼은 보았을 터
꿋꿋한 그 시편들이 다만 우연은 아니리라

형과 아우가 나란히 일세(一世)를 압도했건만
한 핏줄 동기간에도 엇갈린 역사의 명암
겨울 해 설핏한 툇마루 청마 홀로 외로웠다

꽃지바다 일몰

할미섬
할아비섬
그 사이
짐승 있네

바다째
꿀꺽꿀꺽
들이키는
이무기 있네

해질녘
뜨건 동백 한 송이
날마다
안주 삼아

간묘(諫墓)*에서

그대 혹 영원의 일우(一隅)라도 꿈꾼다면
하루쯤 경주에 와 간묘를 찾을 일이다
봄날도 뉘엿한 저녁 해
노을빛이 고운
시간

왕릉이 대궐이라면
오막살이만한 유택(幽宅)
청빈한 뜰을 거닐며 헤아려 볼 일이다
천 년 전 이름 석 자가
왜 그토록 높은가를…

그리고 어둑어둑 땅거미 지는 한참을
점점이 별로 뜨는 풀꽃들을 들을 일이다
죽음도 막아서지 못한
그 나직한
직언(直言)을!

*경주시 황성동에 있는 일명 간렵묘(諫獵墓)라고도 부르는 무덤. 이는 신라 제22대 지증왕의 증손으로 진평왕 때 충간(忠諫) 끝에 파직된 병부령 김 후직의 것으로 전해온다. 진평왕이 날마다 사냥에만 열중하는 것을 보고 여러 차례 간하였으나 임금은 듣지를 않았다. 김후직이 병을 얻어 죽음에 이르러서 세 아들을 불러놓고, '내가 신하된 도리로서 임금의 잘못을 간하고 충언을 하여서 바른길로 가도록 하여야 했으나 그러지 못한 것이 매우 안타까운 일이므로 나의 무덤을 임금이 사냥을 다니는 길목에 만들어 달라.'고 유언하여 거기 묻혔다. 어느 날 임금은 여느 때처럼 사냥을 나가다 '가지 마소서. 수렵을 멈추소서' 하는 작은 소리를 들었다. 비로소 임금은 후직이 죽으면서 한 유언과 무덤을 자신의 사냥길목에 만든 내력을 듣고는 크게 뉘우쳐 그 날로 사냥을 멈추고 정사에 열중하는 성군(聖君)이 되었다고 한다.

제3부

영원의 임자

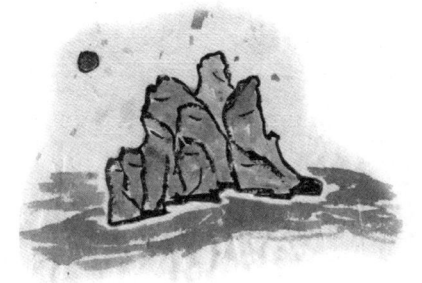

빛

 돌보다 더 단단한 깊음*을 곧장 뚫고 한 차례 굴절도 없이 먼 우주 가로질러 사람들 가슴 가슴에 와 닿는 빛이 있다

 바위나 흙벽으로 가로막지 못하는 빛, 눈썹 밑 두 눈에는 잡힌 적이 없는 빛, 마음눈 밝은 자들이 무릎 꿇고 받는 빛

 백에 아흔아홉이 감지조차 못 해도 햇빛과 달빛이 아닌, 별빛은 더욱 아닌, 잘 부신 질그릇마다 찰랑찰랑 담기는 빛

 멀고 먼 3조 광년 천억 은하 건너와서 굳이 잠긴 빗장을 따 마음 문 열어젖히고 미망의 어둔 골짝들 비추는 빛이 있다

*우주의 끝 가장자리에 1억 마일에 거쳐 절대온도(-273.16도)로 얼어 있다는 거대한 물층

묵시록을 읽다

창과 칼과 활을 들고 싸우던 그 시절에
몇 천 년 뒤에 오는 피 비린 전쟁들을
자욱한 포연과 함께 지켜본 이가 있었다

악과 불의만이 드높은 세상의 성채(城砦)
먼 훗날 남김없이 무너지는 그 너머로
영원히 일어서는 나라를 미리 본 이 있었다

제국의 먼 유배지 에게해의 외딴 바위섬*
듣고 본 모든 것을 두루마리 편지로 옮겨
시공의 아득한 끝으로 띄워 보냈던 그이

겨울 산정 서리꽃처럼 삼엄한 순백의 묵시
참으로 무릎 꿇고 받을 만한 그 어명(御命)들
온 아침 내 가슴 과녁 금화살로 꽂힌다

*에게해의 팟모섬. 황량한 섬으로 로마제국의 유배지였다. 예수 그리스도의 사랑하시는 제자 요한은 이곳에서 유형을 살며 계시를 받아 묵시록을 썼다.

월식(月蝕)

임과 나 둘 사이 세상이 끼어듭니다

빛나던 임의 얼굴 어둠에 휩싸입니다

덩달아 내 얼굴마저

그늘 속에 잠깁니다

안간힘 안간힘으로 세상을 밀어냅니다

어둡던 임의 얼굴이 조금씩 밝아옵니다

우러러 환한 꽃으로

내 얼굴도 피어납니다

그 밭에 금맥 묻힌 줄

산비탈
돌밭 한 뙈길
전 재산과
바꿨더니

세상은
그런 나를
숙맥 중의
숙맥이라 하네

그 밭에
금맥 묻힌 줄
까맣게들
모르고…

지도(地圖) 이야기

내게는 아주 오랜 지도 하나가 있다
십만이나 백만 분의 일 예사 축척(縮尺)이 아닌
줄글로 우주를 옮긴 미증유의 대 축척

갈피갈피 널려 있는 상징의 조각들 모아
퍼즐 맞추듯 큰 그림을 완성하면
영원의 성(城)으로 가는 좁은 길이 떠오르는…

많이는 어리석은 신화(神話)라 외면하고
더러는 새길 만한 수신서(修身書)라 이르지만
그 정작 지도인 줄은 아는 이가 드문 보물

닳아서 모지라지고 손때마저 끼어가도
밤마다 묵상(默想) 속에 눈부신 빛이 쌓이는
늘그막 어렵사리 얻은 두루마리 하나가 있다

영원의 임자

잠시 머물다가는 하루살이 미물들은
오늘의 경계 바깥 내일은 알 길이 없다
하루도 끝을 모르는 불가해의 사막이므로

산과 들 바라보는 청맹과니 두 눈 말고
하늘의 푸른 장막 꿰뚫는 눈을 가진 자,
앉은 채 광년을 넘나드는 적은 수의 순례자들

그 적은 사람들만이 빈 꽃병이 될 수 있다
광막한 우주 너머 피어 있는 영원의 꽃
눈부신 꽃숭어리의 임자가 될 수 있다

중심에 대하여

태양은 위치적으론 태양계의 중심이다
크기가 놀랍게도 지구의 백삼십만 배
여남은 행성들이 모두 그 둘레를 돌고 있다

하나 가운데라고 꼭 중심은 아닌 것
누가 누구를 위해 일하고 있는가 보면
비로소 눈이 열리며 떠오르는 또 다른 중심

생명의 터전으로 초록별을 지었다면
태양은 그를 위한 조명과 난방 장치
어둔 밤 뜨는 저 달이야 보조조명 아닌가

식구들 많다 해도 아기 하나 왕자이듯
푸른 숲 푸른 파도 갈기처럼 휘날리며
생명의 수레바퀴 하나 큰 허공을 굴러간다

이 장막 무너진 뒤에나

이쪽
아니면 저쪽
애당초
중간은 없네

나는
내 길을 가고
너는
네 길 갈 뿐이네

이 장막
무너진 뒤에나
가려야 할
시시비비!

묵시(默示)

말이 걸친 입성이 꼭 음성은 아니었네
아주 닫힌 귀 대신 눈으로 듣는 수화(手話)
그렇게 태초의 말은 소리 아닌 몸짓이었네

뜨는 해, 지는 해를 그대 지켜보았는가
밤하늘 달과 별들을 또한 바라보았는가
첨부터 우주의 말은 보여주기 그것이었네

소리가 기껏 대기를 헤엄치는 물고기라면
해달별 궤적들이 탄주하는 눈부신 선율
마음눈 밝은 자가 듣는 빛의 말이 있었네

출사표

남의 일만 여겼던 예순 고개 넘자마자
손에 오랏줄 든 벗들 몇 찾아왔습니다
더 이상 네 안의 왕을 섬길 수는 없다며

그동안 누려왔던 특혜들 다 반납하고
자고(自高)의 왕관마저 미련 없이 던졌습니다
그 설령 풍찬노숙도 마다할 바 아니기에

적게 먹고 많이 걷는, 한 법에 나를 묶고
늦은 감 없지 않으나 더 힘든 이들 위해
나 오늘 늙은 종 한 사람 세상으로 보냅니다

나의 믿음

신전에 모신 신을 나는 믿지 않는다
만물이 그로 말미암은 시공간(視空間)의 임자라면
숱한 날 우두커니 앉아 녹슬지는 않겠기에

어느 산, 어느 나라 신도 나는 믿지 않는다
대저 참 신이라면 지역할거가 아니라
천지를 하나로 통일한 분이라야 하리니

안에 두루 계시면서 밖에 다시 가득하신 분
우주쯤은 당신의 뜰 꽃밭으로 가꾸시는 분
영원한 공의(公義)와 사랑의 그 한 분을 나는 믿는다

동아줄 잡기

사람은 하늘에 동아줄 맬 수 없네
그곳에는 줄을 맬 나뭇등걸 하나 없고
하켄을 박을 암벽도 아예 없기 때문이네

설령 하늘 꼭대기 시렁이 있다한들
광년으로 헤아리는 아득함 가로질러
그 누가 지상의 줄을 거기 묶어 매겠는가

간혹 사람들 중엔 스스로를 과신하여
제가 꼰 새끼줄을 걸어보려 안달이지만
가없이 트인 저 허공 어림없는 일이네

아무렴, 이 일에 별다른 지혜가 있나
영원이란 이름으로 줄느런히 걸린 동아줄
그 중에 썩지 않은 하나 골라잡는 길밖에!

위대한 거처(居處)

아는가, 첫째하늘과 별 떨기의 둘째하늘
나침반이 가리키는 정북(正北)을 곧장 가면
그 무려 3조 광년의 텅텅 빈 큰 공간을…

아득한 망망대해 태평양의 삼십억 배쯤
그렇게 많은 물들이 두 하늘 위에 있다
표면이 절대영도로 얼어 있는 물 무더기

그 물을 경계로 하여 낮과 밤은 끝나고
일체의 분자활동이 다 멎은 얼음 수정 위
위대한 왕의 도성이 자리 잡고 있나니

아는가, 한 톨 어둠이 용납되지 않는 나라
해와 달과 등불도 더 이상 필요 없는 곳
의(義)의 왕 홀로 빛이신 세 번째의 하늘을!

이제 사다리* 한 채

이제 사다리 한 채 가질 때가 되었다
사람들 너나없이 목이 곧은 왕이 되고
비천한 종의 자리는
텅텅 빈 악한 세대

하늘과 땅의 물이 산들 위에 섰던 날도
배를 탄 사람은 노아의 식구들뿐
지엄한 왕들은 모두
당했느니, 수장(水葬)을

물은 그 날 이후 무지개에 묶였지만
매이지 않은 불들 속속 하늘에 둘려
은밀히 진노의 날이
예비 되는 세기말

지나간 재앙이야 목선(木船)으로 족했거니와
나무는 불타고 쇠는 쉬 녹으리니
맹렬한 화염(火焰)의 바다
무슨 수로 건널까

욕망의 꽃뱀을 따라 사람들 다 떠나고
광장에 우두커니 외로운 파수꾼 몇
서둘러 사다리 한 채
가질 때가 되었다.

*창세기 28장 12절, 야곱이 벧엘에서 노숙할 때 꿈에 보았던 그 사다리. 요한복음 1장 51절에서 이 사다리의 정체가 밝혀진다.

아름다운 사람

1
봄 하루 환히 꽃핀 매화밭 건너가면
그 광경 안 보아도 흠흠 코 밝은 사람
재 너머 매화꽃 핀 줄 용케도 알아챈다

나무들 긴 팔 뻗어 손을 잡은 꽃 터널
바쁠 것 하나 없이 설렁설렁 걷는 사이
투명한 옷 한 벌씩을
선사받은 까닭이다

2
마음에도 종종 향기를 옷 입은 이들 있다
마주앉아 도란도란 이야기 나눠보면
매화꽃 그늘에 선 듯 향기롭고 살가운 사람

눈먼 세상 사람들 한 치 앞을 못 보아도
하늘빛 너머까지 한눈에 척 꿰뚫어
눈부신 영원 한 송이
가슴 속에 밝힌 이 있다

지도(地圖) 읽기

밤이 이슥하여 혼자만의 시간이 되면
오래 몸에 밴 버릇 지도책을 펼쳐든다
찾았다 무수히 놓친
길 하나 수소문하러

이립(而立)의 언저리에선 큰길에 마냥 홀리고
불혹(不惑)의 언덕에선 지름길에 눈이 팔려
동으로 서로 내닫다 잃어버린 세월들…

어언 귓등 너머 희끗희끗 눈발이 날려
변방을 서성이기엔 벌써 촉박한 시간
죽어도 뉘우치지 않을 길은 어디 숨었는가

씨줄에 날줄을 맞춰 위치를 확인하고
동백처럼 피어 있는 먼 표적을 가늠한 뒤
첩첩한 벼랑의 미로
들머리에 다시 선다

영원을 꿈꾸다

세상에선 꿈으로나 존재하는 절대영도
모든 분자활동이 정지되는 거기에서
부피는 제로가 되고
시간은 소멸한단다

수백 미터 막장에도 예외 없이 시간이 가고
대기권 벗어나 봐도 역시 시간은 간다
시간이 소멸한 그 자리
바로 영원 아닌가

동서남북 위아래가 영원으로 둘린 곳
영원 아닌 것은 아무것도 없는 곳
왕께서 영원이기에
백성 또한 영원인 그곳

나 아직 세상에 남아 그 나라 꿈을 꾼다
우주를 담은 그릇, 까마득한 물층 너머
낮과 밤 다 끝난 그곳
빛이 되는 꿈을 꾼다

제4부

다림줄에 관하여

다림줄에 관하여

목수의 공구 가운데 하늘의 지혜가 있다
묵직한 다림추 달아 중력 속에 내맡기면
대지의 심장을 향해 곧추서는 화살 한 대

산이거나 들이거나 서슬 푸른 깨우침 앞에
모든 기둥들 스스로를 곧추세우고
세상의 벽이란 벽들도 소스라쳐 정립(正立)하나니

하필 목수들만 다림을 보겠느냐
오늘 하루 뉘에게 짐이 되진 않았는지
깊은 밤 드리워보는 내 마음속 다림줄 하나!

주차장에서

세상이 열이면 열 삐뚤어져 있더라도
동조는 안 된다고, 타협 역시 금물이라고
때마다 다짐하지만 쉬운 일은 아니다

거울에 얼비치는 기준선 자칫 놓쳐
좌우의 몸들에게 한눈을 팔다 보면
적당히 틀어진 이웃, 꼭 그만큼 빗나간 나

오늘은 뉘에게도 걸림이 되지 않으리라
군더더기 없이 물린 수반 위 꽃가지처럼
하얀 테 사각접시에 내가 나를 꽂아본다

브레이크를 밟다

그 날 그 일 하나는 정말 잘한 일이었어
아찔한 벼랑 끝이 몇 걸음 안 남은 곳
뜨거운 불꽃을 튀기며
브레이크를 밟은 일

그래, 그건 정말 극적인 멈춤이었지
기왕 내친걸음 갈 때까지 가 보자고
한 발만 더 내디뎠어도
되돌릴 순 없었을 터

설령 허공에 뜬 채 그 짧은 한 순간을
뼈에 사무치도록 뉘우쳤다 하더라도
외길의 속절없는 낙하
무슨 수로 멈췄겠나

가자, 가고 말자고 손잡아 끌던 속삭임
애써 뿌리치며 모퉁이를 도는 찰나
눈부신 희망의 언덕
바로 거기 있었느니

목련

또 한 번
험한 세월을
탈 없이
건넜다고

뉘게도
죄 짓지 않고
설원을
질러왔다고

부르튼
입술을 열어
터뜨리는
순백의
증언!

시인(詩人)

그대는 이를테면
박넌출을 꽤나 닮았다
땅에 발이 묶여 새가 되진 못하지만
마음은 하늘에 훨훨 거칠 것이 없는 삶

저녁이면 막무가내 덮쳐오는 어둠에도
굴할 줄 모르는 기개
끝내 먼 별을 지켜
긴 긴 밤 낭랑히 부르는
순백의 청아한 노래

올 때는 그저 왔지만
떠날 때 미리 다 알고
평생 모은 빛 싸라기 크고 둥근 달로 빚어
네다섯, 혹은 예닐곱 덩이
부려 놓고 가는 이여

동작 그만

남자들 군복무 중에 귀 닳도록 듣던 말
잠시 깜박 졸다가도 소스라치곤 했던 그 말
그때는 그 말의 쥔이 상관인 줄 알았지

마흔 둘 이름난 박사 하룻밤 새 몸 비우고
갓 스물 젊은이도 느닷없이 뜨는 것 보면
알겠네, 삼엄한 일구(一句) 쥔이 따로 있음을

더러는 마무리할 몇 해를 달라하고
또 더런 작별을 나눌 몇 날을 애걸하지만
한 번도 사사롭게는 변경된 적 없는 명령

산과 들, 강과 바다, 가없는 저 하늘에
신의 투명한 덫들 숨겨진 지 오래거니
삶이란 춤들을 추다 멈추는 일 그것인가!

# 시간 속에서

러닝머신 위를 걸으며 한 분을 생각한다
어제에서 오늘로 오늘에서 또 내일로
날마다 나를 태워서 예순 해를 옮기신 이

시계를 들여다보면 맴을 도는 듯해도
투명 벨트는 늘 일방(一方)의 흐름이다
아무도 못 거스를 강물 그 시원(始原)은 어딘가

오지 않은 미래는 아직 내 것 아니지만
가버린 과거 역시 이미 내 것은 아닌
지금 내 발바닥에 닿는 순간만이 내 것인 물결

오래 낯익은 짐들 하나둘씩 보이지 않고
둘레로 본 적 없는 새 짐들 속속 놓이건만
제 짐짝 부려질 그 시각 아는 자는 없어라

나무 같은 사람아

비탈에 서 있는 것이 나무만은 아니다
험하고 미끄럽고 가파른 생의 너덜
저마다 뿌리박고 선 나무 같은 사람아

안간힘 안간힘으로 뿌리를 뻗어 봐도
바위틈 몇 줌 박토 버릇처럼 오는 갈증
그래도 꿈같은 봄날 초록 휘파람 부는 나무

느닷없이 닥친 큰바람 머리채 그냥 잡혀
사흘 밤 사흘 낮을 속절없이 휘둘리다
아뿔싸, 뿌리째 뽑혀 곤두박이친 아름드리

비탈에 서 있는 것이 나무만은 아니다
몇은 드러누워도 다들 아직 숲으로 서서
삶이란 그런 거라며 두런대는 사람아

# 어떤 싸움
— 내 핏속의 포도당에게

내가 산기슭을 오르기 시작하면
그는 벌써 정점에서 하산을 시작한다
나와는 마주칠 일 없는 북편 외진 응달 길로

꼭 한번은 그를 붙잡아 혼내 주고 싶지만
한발 먼저 정상에 올라 승리를 외치고는
표표히 떠나는 그에게 나는 늘 뒷북만 친다

그러나 그 뒷북이 지금 내겐 희망이다
만에 하나 뒷덜미를 그에게 내준다면
오, 그날! 그날이 바로 내가 떠날 날이므로

그리운 편지

외지에서 자취하던 까까머리 학창시절
연필로 꾹꾹 눌러쓴 편지 한 장 받았네
중세의 철자법에다
목판본 글씨를 닮은

여자가 글 배운다고 팔자가 드셀까만
할아버지 불호령에 학교 근처도 못 가보고
사흘 밤 야학 다닌 게
전부였던 당신의 육필

어둡고 아둔한 나는 그것이 부끄러워
행여 남이 볼세라 읽고는 불태웠지
금으로 새겨도 부족할
큰사랑을 모르고…

세월이 흘러 어언 내 머리도 희어진 오늘
그 친신(親信) 다시 받아 무릎 꿇고 읽고 싶지만
우표도 편지도 없는 곳
너무 멀리 당신은 있네

시계

벽이든 손목이든 자리 잡아 매이지만
한시도 내 위치는 붙박이인 적이 없다
낮과 밤 끝없는 행로
굴러가는 외바퀴여

한 번은, 꼭 한 번은 미래로 닿고 싶어
안간힘 써보아도 세 발은 항상 현재
삭막한 이 무한궤도
벗어날 길 없는가

금형으로 찍어내듯 열리는 나날 속에
늘 빤한 일방통행 눈에 익은 열두 암호
때마다 입으로 뇌며
목 놓아 울어본다

덫

잘 마른 지렁이 포 길바닥에 던져놓고
신께선
시방 한창 불개미 사냥 중이다
지척에
로드롤러 한 채
절벽처럼 멈춰둔 채

결코 무너질 리 없는 벼랑 밑인 줄 알 뿐
너나없이 미끼에만
까맣게 취해 있다
목숨들 쓸어 담자면
지금이다,
굴러라!

겨울나무

하필 급한 비탈 응달 사수 명을 받아
족히 두어 자 깊이 눈밭에 발을 묻고
저마다 세운 창검이 꼿꼿하고 삼엄하다

북쪽은 겨울 내내 된바람 떼로 몰려와
하루도 쉴 새 없이 맹공을 당하지만
전투에 관한 한 모두 일당백의 용사들

아름드리 장수거나 팔뚝만한 졸병이거나
긴 세월 연마해온 독특한 자세들로
지금 막 몰려온 풍설과 백병전이 한창이다

초해전술(草海戰術)에 맞서다

인해전술 그 원조는 본디 초해전술이다
사람이 풀밭을 일궈 농사를 시작하던 날
풀들은 맨몸 하나로 땅의 사수 외쳤느니

그것을 또 6·25땐 중공군이 슬쩍 베껴
목숨들 방패삼아 막무가내 밀려오자
최강의 연합군들도 한 때 기가 질렸지

물론 오늘날에도 원조는 건재하다
묵밭 한 뙈기 얻어 농군 흉내 낼라치면
겹겹이 파도가 되어 밀려오는 초록 혼들

도무지 겁이 없는 그 기세 꺾으려면,
잔당까지 다 몰아내 아군 천하 이루려면
이쪽이 한 술 더 떠야, 저쪽보다 더 독해야

부사리

두 발로
위태롭게
가는
너희보다야

네 발로
뚜벅뚜벅
걷는 이 몸
태산 아니냐

누구든
날 홀대하는 놈
경을 치지,
경을 쳐!

얼음새꽃

더운 입김
호호불어
동전만한
구멍을 내고

바깥은
어디일까
노란 얼굴
내밀면

하얗게
달려드는 세상,
아린 바람,
아린 빛!

바위

태초에 사면팔방 견고한 벽을 쌓고
안에서 문들을 닫아 자물쇠 채웠것다
그리곤 열쇠란 열쇠 다 분질러 버렸것다

결국 그날 이후 대책 없이 안에 갇혀
자물쇠 채운 일 얼마나 뉘우쳤는지,
열쇠들 분지른 그 일 또 얼마나 자책했는지…

밖에서 안으로 들 뾰족한 수가 없듯
안에서 밖으로 나갈 신통한 법 역시 없네
꽃 피고 새가 울어도 두문불출 한 길밖에

캄캄한 벽 속에 앉아 다만 긴 꿈을 꾸네
벼락이 큰 망치 놓아 이 한 몸 깨뜨릴 날,
끝내는 가루로 부서져 가장 낮은 흙이 될 날!

제5부

아무 말 아니해도

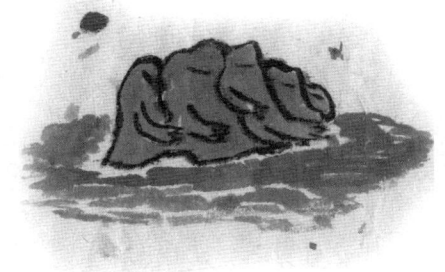

시법(詩法) I
— 돌담 쌓기

돌을 모아 차곡차곡 돌담을 쌓아보라
우리네 이웃처럼 생김새도 제각각인
그 하나 꾸밈이 없이 정이 가는 얼굴들

큰 것 작은 것에 여문 것 또 무른 것,
흰 것 검은 것에 흑백이 반반인 것,
더러는 마늘쪽을 닮은 둥글고도 각진 것…

무수한 개성들을 하나로 아우를 땐
언제나 숙련공의 유연성을 필요로 하지
뒤집고 모로 누이고 다른 것과 바꿔도 보는

우는 틈만 잘 고여도 천년을 쉬 가는 성
실한 등허리 위로 담쟁이 절로 서리면
돌들은 청태(靑苔)를 감고 긴 긴 꿈을 꾸리라

시법(詩法) Ⅱ

1
산밭 한 뙈기 얻어 깨씨를 넣었더니
약수터 가다말고 뒷짐 진 이웃 농부
빼곡히 움튼 것 보며 씨가 달다 이른다

모종이 이렁저렁 성겨도 문제지만
너무 달게 서면 성김만도 못하다며
반 남아 아낌없이 솎아 다문다문 세우란다

2
농법이 씨앗 넣어 둘레를 가꾼다면
시법은 말을 아껴 행간을 넓히는 일
결국은 이 저 비법이 여백 두기 아닌가

전자가 씨와 씨 사이 바람의 길을 낼 때
후자는 행과 행 사이 침묵의 하늘을 연다
알맞게 비워둘수록 맺는 열매, 뜨는 별!

여울

산이 가슴으로 쓴 살가운 두루마리
길짐승 날짐승들 마른 목 추겨주며
운명의 한 길을 따라
콧노래로 가고 있다

길섶의 풀뿌리며 돌 밑의 미물들까지
때마다 기다리는 생명의 소식이거니
춥다고 그만 두겠나,
밤이라고 안 가겠나

먼저 간 선발대들 얼음장 되어 쌓이고
얼마간은 낭떠러지 고드름으로 달려도
낮은 곳, 낮은 곳 향해
배밀이로 가고 있다

실종(失踪)

 집과 처자를 두고 남자가 사라졌다 처음 그의 아내는 사고라도 났나 하여 여러 날 식음을 끊고 울며불며 기다렸다

 몇 달 후 행여나 싶어 계좌를 확인했더니 달마다 일정 액수가 지출되고 있었다 그렇담 그의 소재는 저 세상은 아닌 것

 결국 해가 바뀌었지만 남자는 오지 않았다 살 떨리는 분(憤)도 동나 체념에 길이 들 무렵 이따금 그를 봤다는 풍문이 들리곤 했다

 이 남자 대체 어디서 무얼 하고 있는가 나이 어린 시앗을 얻어 새살림을 차렸는가 어느 날 불쑥 여섯째 놈 손잡고나 오려는가

 남자 대신 억척으로 생계를 꾸리면서 애비 닮은 다섯 아이 눈물로 기르는 사이 묵정논 길로 자란 여뀌 네 번째 꽃이 붉다

현장
— 개미귀신의 우화(羽化)

개미들 오가는 길목 숨겨놓은 모래 깔때기
개미귀신 한 마리씩 중심에 웅크렸다
누구든 실족하는 자
그 발목 낚아채려

얼마나 가혹했으면 이름조차 지옥일까
헛디뎌 구르는 순간 강한 턱으로 옥죄어
입었던 겉옷만 남긴 채
빨아버리는 도살자

숱한 실종사건의 악명 높은 피의자건만
우화(羽化)의 마법 하나로 수사망 다 따돌리고
지금 막 명주잠자리* 하나
유유히 현장을 뜬다

*명주잠자릿과의 곤충. 몸의 길이는 3.5cm 정도이며, 어두운 갈색이다. 애벌레는 개미귀신으로 개미지옥을 파고 먹이를 잡는데, 깔때기 모양의 함정에 먹이가 걸려들면 강한 턱으로 옥죄어 잡아먹는다.

마법(魔法)

무대에서 한두 송이 속임수로 꺼내들어도
헤프게 열이면 열 박수치는 사람아
이 봄날
자지러지는
벚꽃가지 좀 봐라

불과 며칠 전까지도 내숭을 떨던 가지
어디들 감쪽같이 숨겼다 꺼내는지
안 보곤
뉘도 못 믿을
저 기막힌 마법 좀 봐라

설날 아침

흰 떡국
입으로 먹고

까치울음
귀로 먹고

창밖에
막 불붙는
동백은 눈으로 먹고

높고 큰
마음 하나야
가슴으로
또 먹고

뚱딴지*

이름이 뚱딴지라 흉한 쪽만 떠올리다
탁 트인 구월 하늘 두 눈 아려오도록
잉걸불 놓는 것 보니 뚱딴지는 뚱딴지다

하기야 옛 사람도 저 환한 자태에 홀려
뿌리도 그러하리라 철석같이 믿었다가
웬만큼 실망이 컸으면 뚱딴지라 했을라

조금 알싸할 뿐 네 맛도 내 맛도 없는
돼지 먹이로나 던져주던 뿌리 속에
좋은 약 슬쩍 숨긴 채 시치미 떼는 능청

긴 세월 이역만리 떠도는 순례자지만
껄껄 웃음으로 헤쳐 온 굳은 마음
또 다시 예측불허의 역설 하나 꿈꾸다

*국화과 해바라기속의 북아메리카가 원산지인 귀화식물. 9월에 샛노란 꽃을 아름답게 피운다. 오랜 세월 돼지감자라 하여 천대를 받아왔으나 그 뿌리에 혈당을 조절하는 이눌린이 다량 함유된 것이 밝혀져 이 근래 생약으로 다시 각광을 받고 있다.

아무 말 아니해도

어디 없이
자지러지는
웃음판들
보노라니

아무 말
아니 해도
훤히 다
알 것 같네

나무들
긴 겨울 내내
무슨 생각
했는지…

수크령 꽃 필 때면

옛 동무 생각나네, 수크령 꽃 필 때면
오솔길 양쪽으로 잘 자란 풀잎 묶어
날 걸어 넘어뜨리곤 손뼉 치며 깔깔대던

산에 가면 산에 같이, 내에 가면 내에 같이
어딜 가나 서로가 서로의 그림자였지
일마다 죽이 잘 맞아 다툴 일도 없었던

지금쯤 그 오솔길 수크령 피었으리
너 묶은 풀에 걸려 설령 멍이 든다 해도
카랑한 그 웃음소리 듣고 싶네, 오늘 문득

때로는 사람도

때로는 사람도 꽃으로 필 때 있다
그윽한 마음속
대궁 끝에 맺힌 봉오리
천상의 선율에 젖어
다섯 꽃잎
벙그는 순간!

더러는 한 무리도 꽃밭이 될 때가 있다
시월 산정에 뜨는
눈 시린 구절초처럼
일제히 찬미가 되어
입술들
열리는 순간!

장독대 추억

옛집 뒤꼍에는 환히 꽃핀 살구나무와
얼마간 사이 두고 옹기들 모여 앉은
유달리 볕이 잘 들던
한 자리가 있었네

두어 아름 좋이 넘는 큰 놈은 실한 가장(家長)
벙거지 벗어젖힌 넓고 깊은 가슴 안엔
메주와 소금물 얼려
가풍(家風)이듯 맛을 내고…

바로 곁 아담한 놈은 영락없는 그의 아낙
조바위 잠시 벗겨 속을 들여다보면
오딧빛 지렁*의 호수
쪽박 한 척 떠갔네

* '간장'의 방언으로 지금도 강원도와 경상도 일부에서 사용됨.

코 밑에 입도 없는 듯

흘러간 바람이 숲을 흔들 순 없지
지척에 있을 때야 패대긴들 못 치랴만
이미 다 지나친 숲을
뒤흔들 순 없고말고

아무렴, 스쳐갔다면 말 그대로 흘러간 것
한 때는 머리채를 휘저었다 하더라도
멀리서 감 놔라 배 놔라
해선 안 되고말고

어제는 어제의 바람 오늘은 오늘의 바람
제 소관 아니거든 눈과 귀 얌전히 닫고
코 밑에 입도 없는 듯
무욕이나 익힐 일이다

겨울 폭포

산을 내려오던 길고긴 여울물이
두꺼운 외투 한 벌 걸치고 난 후에도
절벽에 이르러서는 오래도록 맨몸이었다

시베리아 큰 기단이 남녘까지 뻗치던 날
더는 못 참겠다며 어금니 꽉 악물고
밤새내 제 살점 뜯어 지어 입은 무명 두루막

단지 맨몸만을 여민 입성 아니었다
사방 몇 십 미터를 뒤흔들던 굉음마저
나직한 사랑방 얘기로 가둬버린 네 이적(異蹟)!

우륵

신라는 칼과 창으로 변방을 넓혔으나
그대 악기 한 채로 큰 나라를 평정했다고
그 뉘도 섣부른 말로 위로하려 들지 말라

눈에 익은 능선 위로 주군 모습 떠오르면
굽이굽이 망국의 한 가얏고에 실어놓고
발아래 꿇어 엎드려 흐느끼던 늙은 사내

매면 풀어버릴 것, 숨기면 찾아 발길 것
짐짓 덤인 듯이 오동상자 위에 포개
애끊는 고국의 이름 천고 속에 부치다

폭설

두께 두 자가웃 아득한 그물 하나
하늘이 실을 뽑아 온종일 짜 내리더니
산과 들, 강과 마을을
가뭇없이 가두다

마을이 묶이자 집들이 묶이었다
집들이 묶이면서 길들이 따라 묶였다
급기야 겨울잠에 들듯
목숨들도 묶인 날

누가 무슨 수로 견고한 결박 풀어
끊어진 토막토막의 길들을 이으려나
순백의 눈부신 가시 울
이 막막한 위리안치!

강

산과 들
굽이굽이
순례는
내 오랜 꿈

한사코
포복하며
가진 것
다 나누고

때 묻은
넝마 한 벌로
닿으리라,
먼 본향

■ 해설
민병도 ▎왜 시조인가에 대한 향기로운 대답

■ 자작시 해설
조동화 ▎사족(蛇足)

【해설】

왜 시조인가에 대한 향기로운 대답

민병도(시인)

1

우리 민족문학사에서 적어도 600년 이상 시조는 중심의 문학이었다. 그러나 서구문명의 유입에 따른 자유시의 도입 이후 그 사정은 크게 달라졌다. 음악적 기능이 강했던 창사唱詞에서 분리되어 본격문학이라는 창작 환경의 변화도 변화지만 민족문학의 중심에서 소수문학으로 자리매김 되었다는 점이 가장 큰 변화라 하겠다.

그 같은 환경의 변화는 시조의 정체성마저 흔들어놓을 만큼 새로운 도전과 모험을 감내하지 않으면 안 되었다. 조선조에는 시조가 선택의 여지없는 주류였기 때문에 설사 정형시로서의 형식질서에 완미完美한 변화나 일탈이 있어도 크게 문제되지 않았다. 하지만 소수문학이 되어버린 지금의 시조는 그 때와 다른 입장이다. 시조로서의 분명한 존립근거와 형식질서의 당위성을 필요로 한다. 굳이 주류 장르로 자리한 자유시와 대립구조를 이루자면 반드시 자유시가 감당하지 못할 시조 고유의 정체성을 확보해야만 된다는 뜻이다. 따라서 보다 '시조다운 시조'만이 글로벌시대에 걸맞은 우리 민족시의 차별화가 될 것이다.

2

조동화 시인은 시조뿐만 아니라 자유시와 동시로도 신춘문예를 통과한 만능 시인이다. 그런 그가 굳이 소수문학으로 자리매김 된 시조에 정착하는 까닭은 어디에 있을까. 자유시로서, 혹은 동시로서 표현해내지 못한 시조만의 독자성이 있다면 과연 어떤 것일까. 그의 새 시집 『영원을 꿈꾸다』을 통해서 '왜 시조인가'에 대한 대답에 귀를 기울여보자.

먼저 이번 시집에서 사유와 통찰의 깊이로 주목을 끄는 대표작품 「빛」을 한번 읽어보자.

> 돌보다 더 단단한 깊음*을 곧장 뚫고 한 차례 굴절도 없이 먼 우주 가로질러 사람들 가슴 가슴에 와 닿는 빛이 있다
>
> 바위나 흙벽으로 가로막지 못하는 빛, 눈썹 밑 두 눈에는 잡힌 적이 없는 빛, 마음 눈 밝은 자들이 무릎 꿇고 받는 빛
>
> 백에 아흔아홉이 감지조차 못 해도 햇빛과 달빛이 아닌, 별빛은 더욱 아닌, 잘 부신 질그릇마다 찰랑찰랑 담기는 빛
>
> 멀고 먼 3조 광년 천억 은하 건너와서 굳이 잠긴 빗장을 따 마음 문 열어젖히고 미망의 어둔 골짝들 비추는 빛이 있다
> ―「빛」전문

이 시는 요즈음 조동화 시인이 지향하는 시심의 방향이 어디인가를 말해주고 있다. 우선 우주질서의 근원을 단정적인 어법으로 규정하면서도 설득력을 훼손당하지 않았다는 점에서 그 통찰력을 주목하지 않을 수 없다. 또한 산문형의 문장구조와 반복적인 명사형 종결이 주는 비시조적 요소에도 불구하고 시조의 율격

이 살아있다는 점도 이 작품의 한 특징으로 읽혀진다. 물론 이 또한 그의 역량이겠으나 시조의 영역을 넓히는 한 시사점이기도 하다.

'빛'은 무엇인가. '빛'은 모든 종류의 전자기파를 일컫는다. 일반적으로는 사람이 볼 수 있는 전자기파, 즉 가시광선을 의미한다. 빛에 대한 이론은 고대로부터 수많은 이설이 거듭된 끝에 아직도 진행형의 상태에 있다.

하지만 이 시에서 조 시인이 말하고자 하는 빛은 하나의 상징적 의미이다. 그것은 존재의 상징이며 에너지의 상징이며 생명의 상징이며 구원의 상징이며 영원의 상징이다. 그 빛은 과연 어디서부터 시작되는가. 그것은 그야말로 '돌보다 더 단단한 깊음'의 저쪽에서 시작되어 '우주를 가로질러 / 사람들 가슴'에 와 닿는다. 그런데 그 빛은 '바위나 흙벽으로 가로막지 못'하고 '눈에는 잡'히지 않고 '마음 눈 밝은 자들'이나 '무릎 꿇'어야 받을 수가 있다. '백에 아흔 아홉이 감지조차 못'하고 '햇빛과 달빛이 아닌, 별빛은 더욱 아닌' 아주 특이한 빛이다.

그렇다면 물리학에서 규명해놓은 일상계의 '빛'은 아닌 것이다. 그러기에 그 빛은 우리네 '미망의 어둔 골짝들 비추는 빛'으로 적어도 '멀고 먼 3조 광년 천억 은하 건너와서 / 굳이 잠긴 빗장을 따 마음 문 열어젖히'는 빛이다. 그러므로 그 빛은 존재의 본질이며 그 빛은 의식의 본질이다. 또한 그 빛은 선과 악의 경계이며 있음과 없음의 경계이다. 그것은 곧 절대이며 그것은 곧 영원이다.

사람들이 촛불을 말하고 별빛을 노래할 때 그는 영성의 한가운데서 발하는 절대의 빛을 말하고 있는 것이다. 사람들이 삶을 말하고 죽음을 염려할 때 그는

'멀고 먼 3조 광년 천억 은하' 밖 불멸의 빛을 말하고 있는 것이다. 일반인들이 감히 상상도 못하는 이 같은 소재를 시조의 영역 안에 불러들인 시도와 혜안 그 자체만으로도 시조에게는 적잖은 축복이 아닐 수 없다.

> 목수의 공구 가운데 하늘의 지혜가 있다
> 묵직한 다림추 달아 중력 속에 내맡기면
> 대지의 심장을 향해 곧추서는 화살 한 대
>
> 산이거나 들이거나 서슬 푸른 깨우침 앞에
> 모든 기둥들 스스로를 곧추세우고
> 세상의 벽이란 벽들도 소스라쳐 정립(正立)하나니
>
> 하필 목수들만 다림을 보겠느냐
> 오늘 하루 뉘에게 짐이 되진 않았는지
> 깊은 밤 드리워보는 내 마음속 다림줄 하나!
> ―「다림줄에 관하여」 전문

조동화 시인의 이번 시집에는 빈번하게 자각, 혹은 성찰을 향한 사유의 자가진단이 시도되고 있다. 하기야 낯선 먼 길을 가는 사람이 가다가 지도도 꺼내보고 의심나는 길은 물어도 보는 것이 시행착오를 줄이는 방책이 아닌가. 이순耳順을 훌쩍 넘긴 그가 이미 오래 전에 정한 목적지로 가는 길이 무에 그리 낯설까마는 그래도 검증하고 다시 확인하는 것은 자신의 삶에게 보내는 예의이며 겸손이다.

다림줄은 수직상태를 가늠하기 위하여 목수들이 사용하는 필수공구 가운데 한 가지다. 오래된 목수라면 눈대중으로도 수직이며 수평을 가늠하지 않으랴 싶지만 가느다란 줄 끝에 매달린 다림추가 가리키는 정확도를 따를 수는 없다.

첫 수에서는 그 다림추와 다림줄의 용도와 의미를 일깨워주고 있다. 그런데 그 하찮아 보이는 다림줄은 어떤 곳이거나 어떤 상황이거나 일체의 타협이 없이 오로지 정립正立하여 세상의 기준을 잡아준다. 세상의 그 어떤 기둥들도 이 다림추의 가리킴을 벗어날 수가 없다. 그 깨우침을 둘째 수가 담고 있다.

'하필 목수들만 다림을 보겠느냐.' 그렇다. 목수의 지혜도 다림추의 사명도 아닌 이 '하늘의 지혜'는 그러나 세상살이의 모든 상황에 원용되어야 마땅하다. 그는 자신의 삶에 대입해 보면서 '오늘 하루 뉘에게 짐이 되진 않았는지 / 깊은 밤 드리워 보'고 비뚤어진 기울기를 바로 잡는다. 바로 이러한 다림추를 지니고 있기에 조동화 시인의 시조는 40여 년이 지난 지금도 꼿꼿하게 서 있는 것이 아니겠는가.

3

조동화 시조의 보편적 성취는 정결한 서정성의 획득에 있다고 해도 과언이 아니다. 초기시가 수록된 『낙화암』이나 비교적 근년의 작품인 『낮은 물소리』에 이르기까지도 섬세한 감성에 비쳐진 실존의 아름다움은 항상 소통을 향한 길트기를 모색해왔다.

이 같이 조동화 식의 서정에는 물론 나름의 차별성이 있다. 그 중 우선인 것이 극단적인 서정성을 지향하고 있다는 점이고 부정적인 현안을 긍정적으로 환치시키는 사고의 긍정성이 그렇고, 조미료를 쓰지 않는 무균질의 모국어를 찾아 쓴다는 점이 그렇다. 그만의 독특한 재료들을 사용해서 시조의 율격 위에 실어낸다는 점이 조동화 시조의 장점이다.

하늘이 너무 아득해 두충나무 잎은 지고
뚱딴지 대궁들도 암갈색을 띄는 무렵
스산한 가을의 끝에 또 한 번 나는 섰네

귓등을 넘어오는 억새꽃도 속절없지만
달포 전 삔 무릎이 여전히 시큰거리는
다 낡은 몸 하나 추슬러 용케 예까지 왔네

가져가지 못할 바엔 욕심은 부질없는 것
가진 모든 것을 영원에나 투자하며
양날의 칼 한 자루 들고 또 한 준령 넘자 하네
 -「다시 가을에」 전문

 이 시에는 조동화 시조의 보편적 특징이 다양하게 나타나 있다. 그나마 조금 달라진 점이 있다면 사유의 깊이와 연륜의 두께가 더해져서 행간마다 자성과 성찰의 비중이 높아져 있다는 점일 것이다.
 보라. '하늘이 너무 아득해 두충나무 잎은 지고' 있다는 표현을 어떻게 쉽게 얻을 수 있겠는가. '다 낡은 몸 하나 추슬러 용케' '스산한 가을의 끝에' 서 본 사람이 아니면 감히 흉내 낼 수 없는 서정이다. 그렇다. 해마다 맞고 또 보내는 가을이 아니던가. 하지만 몸이 낡도록 추슬러온 세월이 어디 그저 지나간 것이겠는가.
 '가져가지 못할 바엔 욕심은 부질없는 것'이 아니던가. 어차피 형이하학이 제단해 준 삶의 구간이야 극히 짧은 순간이 아니랴. '영원'이라는 시간과 공간에 의지해야만 한다. 그러면서도 우리는 삶과 죽음, 만남과 이별, 기쁨과 슬픔이라는 이분법적인 '양날의 칼 한 자루 들고 또 한 준령 넘자'고 자신을 달랠 수밖에 없지 않은가.

이밖에도 이번 시집에는 또한 적잖은 현장 시들이 보인다. 역사나 사건의 현장, 혹은 자연유산의 현장에서 삶의 바른 길을 찾고자하는 적극적인 노력으로 읽혀지는 대목이다. 그 가운데서도 「아우라지 가서」에 함축된 관찰력의 깊이와 관조적 성찰이 이룬 성과는 크게 돋보인다.

> 첩첩 산 너머 먼 땅 아우라지 가서 봤네
> 이 골 물 저 골 물이 몸을 섞는 두물머리
> 이 소리 저 소리도 만나
> 서로 손을 잡는 것을
>
> 강이 바다에 닿아 제 이름을 지우듯이
> 어디쯤 하늘 아래 에덴 같은 동산은 있어
> 이 설움 그리로 흘러 잦아들 날 있을까
>
> 여울보다 가늘면서 여울보다 멀리 울리고
> 상한 가슴일수록 채찍으로 휘감기는
> 지도도 그리지 못한
> 강 한 자락 나는 봤네
>
> ― 「아우라지 가서」 전문

이 시의 외형구조는 강원도 산골 정선 땅 아우라지에 가서 느낀 감회를 읊은 데 지나지 않는다. 하지만 두 골짜기의 물이 '아우라'져서 하나의 새로운 의미로 거듭나는 만남을 두고 화해의 교과서처럼 새로 구한 경전처럼 다가서고 있다. 하기야 사서삼경을 읽고 깨우치는 것이나 흐르는 물소리를 듣고 깨우치는 것이나 깨달음의 농도는 다르지 않다. '이 골 물 저 골 물이 몸을 섞'고 '이 소리 저 소리도 만나 / 서로 손을 잡는' 화해의 방식도 방식이거니와 시조라는 정형의 율격 위에 한 치의 어긋남도 없이 감동으로 이끌어내는 솜씨 또한 놀라운 경지라 하지 않을 수 없다.

셋째 수 초장의 '여울보다 가늘면서 여울보다 멀리 울리'는 계곡 물은 또 무엇을 말하고자 하는 것일까. 진실로 자연의 섭리를 따르면 힘의 현상적 논리는 한 순간의 착각에 지나지 않는다. 지금은 비록 미약하고 가늘지 모르지만 그 끝은 항상 순리와 무위無爲의 몫으로 남는다. '채찍으로 휘감기는' '상한 가슴'이면 어떻고 '지도도 그리지 못한 / 강'이면 또한 어떠한가. 정선의 맑은 물소리가 조동화 특유의 서정과 만나 유리알 같은 물소리보다 더 맑은 깨달음으로 다가와 읽는 이의 가슴속에 오래도록 남는다.

4

조 시인의 이번 시집에는 유독 나무에 관한 작품이 많다. 아마도 그것은 조 시인의 근면하면서도 낙천적인 천성과도 연관이 있으리라 여겨진다. 동물의 경우와는 달리 나무는 숙명적으로 환경의 지배를 받기 마련이다. 씨앗이 물에 떨어지면 썩을 수밖에 없으며 바위 위에 떨어지면 말라죽기 마련이다. 바위틈에 떨어지면 그나마 행운으로 받아들이는 것이 자연의 섭리이니 말이다. 일종의 천형 같은 이 숙명 앞에 나무는 슬퍼하거나 불평을 터뜨리지 않는다.

두 장 떡잎으로 첫걸음 떼던 날부터
온몸 사다리 세워 허공을 내딛었다
바람이 흔들 적마다 땅속 깊이 추를 내리며

오르면 오를수록 하늘은 아득해도
결연히 세워보는 드높은 우듬지 끝
밤이면 영롱한 별들이 영락(瓔珞)인 양 빛났지

애써 얻은 높이도 더러는 시들해져
쓰디쓴 뉘우침에 물든 옷 훌훌 벗고
자욱한 눈보라 속으로 떠나보던 먼 순례(巡禮)…

한 바퀴 돌고 오면 새로워라, 삶은 문득
언 몸 마디마디 더워오는 봄 햇살에
또 한 층 풀빛 노래로 내가 나를 오른다
― 「나무의 말」 전문

많은 옛 선현들이 그랬던 것처럼 그도 또한 자연의 피조물로 돌아가 그 섭리를 가슴으로 끌어안는다. 나무에게서 삶의 길을 채우기 위해서이다.

첫 수에서는 '두 장 떡잎으로 첫 걸음 떼던 날부터 / 온 몸 사다리 세워 허공을 내딛'는 운명적 존재인식을, 둘째 수에서는 '오르면 오를수록 하늘은 아득해'지는 고달픈 삶의 현실과 그래도 버리지 않은 어린 꿈을 그리고 있다. 그리고 셋째 수에서는 부여받은 생명의 한계에 대한 안타까움과 수용과정을, 넷째 수에서는 한 생애의 가시적 존재가 남긴 흔적을 통해 빛나는 성찰을 발견하고 자신의 것으로 받아들이는 과정을 담고 있다.

열악한 환경을 극복하고 한 그루의 나무로 성장하는 과정을 관찰하고 그 섭리를 배워서 삶의 현장에서 실천하고자 하는 이러한 의지는 「겨울나무」, 「나무 같은 사람아」, 「나무는」, 「푸른 증언」 등에서도 유사한 메시지로 읽혀진다.

아름드리 장수거나 팔뚝만한 졸병이거나
긴 세월 연마해온 독특한 자세들로
지금 막 몰려온 풍설과 백병전이 한창이다
　　　　－「겨울나무」 셋째 수

 사람으로 비유해보자면 저마다 나름의 기품을 일구어낸 나무인들 그 삶이 어찌 수월하기만 하겠는가. 그것이 '아름드리 장수거나 팔뚝만한 졸병이거나' 제 나름의 아픔이 왜 없었겠는가. '지금 막 몰려온 풍설과 백병전이 한창'인 나무들을 보면 하나같이 '긴 세월 연마해온 독특한 자세들'을 취하고 있다. 조동화 시인에겐 나무도 사람이다.

5
 시조에 대한 많은 학자나 평론가들의 이설이 있지만 3장 6구의 정형성을 부정하는 이는 많지 않다. 45자 내외의 그 작은 정형의 틀 안에서 관찰과 진단과 처방이 동시에 이루어지므로 간결미와 함축미가 시조의 생명이다. 그러므로 시조는 짧으면 짧을수록 시조만의 차별성을 나타내기 쉽다. 그런 까닭에 고시조 600년의 역사를 살펴보면 모두가 한 편이 단수로 된 단형시조를 고수해온 것이다.
 사실 오늘의 시조가 연시조로 자리 잡은 배경에는 자유시의 영향이 적지 않다 할 것이다. 그런 점에서 보면 시조는 지금이라도 다시금 단수 단형의 형식질서를 고수해야할지도 모른다. 조동화 시인의 시조 가운데는 정제미와 함축미가 빼어난 단형 시조가 특히 많다. 여기 그 작은 공간 속에 담겨진 엄청난 상징미를 보라.

큰 바다
　밤새도록
　타이르고
　떠나간 뒤

　흠과 티
　하나 없이
　누그러진
　가슴팍을

　도요새
　가는 발목이
　찍어 넣는
　첫 흔적!
　　　-「첫 흔적」 전문

　마치 한 폭의 추상회화를 보는 듯한 느낌을 받는다. 하지만 그 화폭에 담겨진 의미는 결코 단순하지가 않다. 시인은 지금 밤새도록 파도소리가 거칠던 새벽 바닷가 모래밭에 나와 있다.

　파도는 왜 '밤새도록 / 타이르고 / 떠나간' 것일까. 물론 낮에도 밤과 다름없이 파도는 친다. 그런데 유독 밤에만 파도가 치고 시적 화자를 타이르는가. 거기에는 두 가지의 이유가 있다. 하나는 밤의 경우 아무 것도 보이지 않는 가운데 청각으로만 파악되기 때문에 잠재된 기억의 공간을 메웠을 것이고 다른 하나는 생명활동을 끝낸 밤이라야 파도소리가 형이상학의 청각기능을 가동하기 때문이다.

　그것은 둘째 수 '흠과 티 / 하나 없이 / 누그러진 / 가슴팍을' 봐도 느낄 수가 있다. 자신의 가슴이 답답하고 자신의 마음이 흔들렸으니 바닷가로 간 것이고 그 파도소리가 밤새도록 타이르고 타일렀던 것이다.

마음속의 파도가 물러가고 한층 맑아진 정신 상태로 만난 첫 번째 의미가 그 잔잔한 모래 위에 '도요새 / 가는 발목이 / 찍어 넣은' 발자국, 즉 '첫 흔적!'이었던 것이다. 마음이 평온하기에 볼 수 있었던 도요새의 작은 발자국 하나가 말이다.

「첫 흔적」만큼이나 깊고 넓은 사색의 공간을 지니고 있는 또 한 편의 시를 보자.

> 날마다
> 쓸고 닦던
> 홀어미
> 어딜 갔나
>
> 작은 집
> 작은 마당이
> 며칠째
> 비어 있다
>
> 장독대
> 둘레를 따라
> 천일홍
> 흔들어놓고…
>   -「부재」전문

여기에 등장하는 공간 자체는 장독대가 놓여있는 마당 작은 집 한 채가 전부다. 그리고 작품의 크기도 단수 1편으로 소품에 불과하다. 그런데도 이 시는 읽는 이의 상상공간을 무한히 확장시키고 오랜 여운을 불어 넣는 힘을 지녔다. 그것은 아마도 「부재」의 주체가 '홀어미'이기 때문일 것이다.

실로 초장 '날마다 / 쓸고 닦던 / 홀어미 / 어딜 갔나' 14자에 담겨진 함축성은 우리가 유추할 수 있는 시간의 한계를 초월하고 있다. 첫 음보 '날마다'만 떼어놓고 보더라도 어머니로서 자리 잡은 기억 속의 시간들이 죄다 여기에 함축되어 있다. 그런데 그 정지적인 시간의 길이와 더불어 '쓸고 닦던' 행위가 보태어짐으로서 어머니로서 져야했던 모든 숙명들이 노정되고 만다. 어디 그뿐인가. 그 어머니가 바로 '홀어미'였고 지금은 '어딜 갔'는지 비워놓은 자리다. 홀어머니로서의 고독과 애환을 상상하다보면 다시 어딜 가고 없는 이별의 정서와 맞닥뜨리게 된다.

그런데 그 '작은 집 / 작은 마당이 / 며칠 째 / 비어 있'는 중장에 오면 그 큰어머니의 존재가 축소되어 나타난다. 물론 현상적인 모습일 수도 있겠으나 초장의 큰 저울을 조율해주는 작은 추의 역할이기 때문이다. 다시 종장에는 '장독대 / 둘레를 따라 / 천일홍 / 흔들'리는 역발상으로 돌아간다. 아니 저절로 흔들리는 것이 아니라 '흔들어 놓고' 떠난 인과의 이면을 연출해 두었다. 세상의 그 어떤 사물도 시간과 유관하지 않은 것이 없으리라.

6

조동화는 이 시대를 진단하고 시대가 나아가야 할 길을 안내하는 예지력이 높은 시인이다. 그가 비록 선산에서 태어나 경주라는 문학적 변방에서 마치 구도자처럼 세상살이의 본을 세우며 품격 높은 시품들을 창출하지만 그도 시인이기에 앞서 사람이다. 왜 아픔이 없겠으며 왜 슬픔이 없겠는가. 여기서 그가 자신을 다스러 가는 모습을 잠시 엿보자.

> 그대는 이를테면
> 박 넌출을 꽤나 닮았다
> 땅에 발이 묶여 새가 되진 못하지만
> 마음은 하늘에 훨훨 거칠 것이 없는 삶
>
> 저녁이면 막무가내 덮쳐오는 어둠에도
> 굴할 줄 모르는 기개
> 끝내 먼 별을 지켜
> 긴 긴 밤 낭랑히 부르는
> 순백의 청아한 노래
>
> 올 때는 그저 왔지만
> 떠날 때 미리 다 알고
> 평생 모은 빛 싸라기 크고 둥근 달로 빚어
> 네다섯, 혹은 예닐곱 덩이
> 부려 놓고 가는 이여
>   -「시인」 전문

 이 시 또한 갈색 콘테로 그린 조동화 시인의 자화상이다. 박넝쿨에 빗댄 자신은 비록 '땅에 발이 묶여 새가 되진 못하지만 / 마음은 하늘에 훨훨 거칠 것이 없는 삶'을 지향하고 있다. 이러한 삶의 자세는 둘째 수에서 더욱 진솔하게 드러난다. '저녁이면 막무가내 덮쳐오는 어둠에도 / 굴할 줄 모르'지만 마음속에는 일찍부터 품어왔던 '먼 별을 지켜' '순백의 청아한 노래'를 부른다. 함부로 꽃 피우지 않으며 서둘러 열매 맺지도 않은 채 본성에서 한 치의 오차도 없는 삶이고자 끝내 기개를 굽히지 않은 채 말이다.

그러나 시작이 있으면 반드시 끝도 있기 마련. '떠날 때 미리 다 알고 / 평생 모은 빛 싸라기 크고 둥근 달로 빚어' 몇 덩이를 부려놓고 가고자하는 소박한 바램이 셋째 수를 장식하고 있다. 한 시인의 꿈이 이러할진데 그가 남긴 발자국이야 얼마나 다소곳하랴. 그가 피운 꽃송이야 얼마나 향기로울 것인가.
 이 같이 모범답안적 삶의 자세로 무장한 조 시인의 실천의지는 「지도 읽기」에서도 크게 다르지 않다.
 '밤이 이슥하여 혼자만의 시간이 되'어 버릇처럼 펼쳐든 지도에는 '찾았다 무수히 놓친 / 길 하나'가 숨어 있다. 지난한 삶의 고비마다 찾아낸 길이야 왜 없었겠냐마는 애써 찾은 길이라고 모두 종착지까지 갈 수는 없다. 비록 '이립의 언저리에선 큰길에 마냥 흘리고 / 불혹의 언덕에선 지름길에 눈이 팔려 / 동으로 서로 내닫다 잃어버린 세월들'(「지도 읽기」 둘째 수)이 아니었던가. 그렇다고 매번 주저앉아 지낼 수는 없지 않겠는가. 지금이라도 잘못된 길의 오차를 줄여야 한다. 이미 '귓등 너머 희끗희끗 눈발이 날려 / 변방을 서성이기엔 벌써 촉박한 시간'이 아닌가. 이제라도 '죽어도 뉘우치지 않을 길'을 찾아야 한다.
 어차피 잘못된 길인 줄 알면서도 계속해서 나아간다는 것은 자기존재를 부정하는 일에 다름이 아니기 때문이다.

7
 지금까지 사물을 관조하며 반성과 성찰로 자신의 삶에 격조를 드높인 조동화 시인의 시집 『영원을 꿈꾸다』를 외경스럽게 읽었다. 이전의 어떤 시집보다도 삶의 지혜가 풍요롭게 열매 맺혀 있었고, 그 어느 때보다 많은 사색과 탐구를 만날 수 있었다. 그가 그토록 고뇌한 까닭은 아마도 사람 사는 근본이치에 대한 자문이요 자답일 것이다. 편편마다 마치 구약성서나 밀경의 한 구절을 읽는 듯한 느낌마저 들었다.

그의 언어는 어눌하지만 그의 시어는 예리하고 향기로웠다. 사람들이 다투어 허상의 권위를 쫓을 때 그는 오로지 시조로서 권위를 쌓았다. 여전히 그의 서정성은 섬세하며 절묘하였고 그의 보법은 무겁고 느리되 결코 뒤처지는 법이 없었다. 화려한 수사를 줄이는 대신 새벽 물소리처럼 맑은 정신의 촉수가 드리워져 연거푸 두 편을 내리 읽기 어려울 만큼 울림이 크고 길다. 또한 그는 누구도 흉내 내기 어려운 사유의 깊이를 지녔고 거기서 얻은 말씀을 시조의 행간에 녹여내는 경지에 이르렀다.

그의 첫 시집 『낙화암』 후기에 의하면 그가 처음 시조를 쓴 시기가 1967년 <중앙시조>라는 독자란에 투고하면서부터라고 하니 실로 40년이 넘은 연륜이다. 시조와 자유시와 동시를 함께 아우르던 그가 소수문학으로 바뀐 시조에 천착하여 우리 민족문학사를 풍요롭게 한다는 점에 경의를 보내지 않을 수 없다.

지금 그는 학교에서 학생들을 가르치는 선생님에서 길 잃은 양들에게 천품의 길을 인도하는 목회자로 보직을 바꾼 상태이다. 하지만 그럼에도 이번 시집에는 눈에 두드러지는 종교시가 보이지 않았다. 그 점 또한 반갑고 고마웠다. 왜냐하면 작품에서 종교성을 띠는 것은 지극히 자연스러운 일이다. 하지만 종교성을 목적으로 하는 시는 종교시가 되고 만다는 점에서 의미가 달라진다.

정보가 가치를 선도해나가는 오늘의 시대에 오로지 내재된 가치 하나만을 믿고 온 생애를 전력투구하는, 지극히 현명하면서도 바보의 길을 걷는 사람이 바로 조동화 시인이다. 필자는 그와 더불어 30년이 넘도록 한결같이 이 땅의 민족시를 이야기하고 시조의 내일을 함께 걱정할 수 있어서 더없이 행복한 사람이다.

【자작시 해설】

사족(蛇足)
— 나의 신앙시조에 대한 얼마간의 열쇠들

조동화

1

나는 수년 전 바위를 보고, 누군가 문을 열고 들어가 안에서 자물쇠를 잠근 뒤 열쇠들을 다 분질러 버리고 속절없이 그 집 안에 갇힌 상태라는 상상을 하여, <바위>라는 시조 한 편을 쓴 일이 있다.

> 태초에 사면팔방 견고한 벽을 쌓고
> 안에서 문들을 닫아 자물쇠 채웠것다
> 그리곤 열쇠란 열쇠 다 분질러 버렸것다
>
> 결국 그날 이후 대책 없이 안에 갇혀
> 자물쇠 채운 일 얼마나 뉘우쳤는지,
> 열쇠들 분지른 그 일 또 얼마나 자책했는지…
> —<바위> 1,2수

나는 시에도 이런 상태의 시가 있다고 생각한다. 예컨대 김춘수의 <나의 하나님> 같은 시가 바로 그런 시가 아닐까 한다. "사랑하는 나의 하나님, 당신은/ 늙은 비애다/ 푸줏간에 걸린 커다란 살점이다"라고 했을 때, 이것은 두 개의 은유가 겹친 형태다. 그러나 원관념과 보조관념의 거리가 워낙 멀어 그 의미를 알래야 알 도리가 없다. 모르긴 해도 이 한 구절을 두고 1년을 생각한들 정확한 의미를 잡아내기는 어려울 것이다. 나는 이런 경우의 시를 내가 쓴 <바위>의 내용에 일치하는 작품이라고 본다.

그러나 이보다 좀 쉽기는 하나 역시 어려운 경우도 있을 것이다. 말하자면 자물쇠가 버젓이 바깥에 달려 있기는 한데 다만 열쇠가 없어 안으로 들어가지 못하는 경우다. 이런 경우는 가벼운 힌트 하나만 주어도 그것이 열쇠가 되어 내부로 들어갈 수 있고, "아, 그렇구나!" 하는 수긍과 함께 답답한 난해의 응어리를 풀 수가 있으리라.

사족(蛇足)인 줄 알면서도 굳이 장황한 사족을 다는 이유가 바로 여기에 있다.

2

나는 여덟 살 전후부터 고향집 바로 앞에 있었던 장로교회에 다녔다. 깊은 신앙심이 있어서라기보다 친한 친구들이 대체로 다니고 있었고, 일요일이면 딱히 갈 곳도 없었기 때문이라 할 수 있다.

중학생 시절 인근에 살고 계셨던 큰고모님이 그곳 교회의 권사였는데 우리 집에 자주 들러서는 할머니한테 교회에 다닐 것을 강력히 권하셨고, 열 번 찍어 안 넘어가는 나무 없다는 속담처럼 어느 날 할머니께서는 조상의 제사를 지내는 유교를 버리고 기독교로 종교를 바꾸기로 결단을 하셨다. 할머니의 이런 결단에는 손자인 내가 얼마간 개종을 원했던 사실도 분명 일조를 했던 것으로 기억한다. 그러나 그 일로 곧바로 순탄한 신앙의 길이 열린 것은 아니었다.

중학교 졸업 후 어느 날이었다. 교회에서 설교시간에 노아의 홍수에 대한 이야기를 읽고 들었다. 지구상의 높은 산들이 다 묻히는 대홍수에서 방주를 탄 노아의 가족 여덟 명 만이 구원을 받았다는 이야기였다. 나는 그날 오후 마을 뒷산에 올라가 깊은 생각에 잠겼다. 그리고 최종적으로 정리한 생각은 마을 뒷산 낮은 봉우리 하나도 잠기는 홍수가 없는데 히말라야 산맥의 고봉들이 몽땅 물에 잠기는 일이 있을 수 있는 일이냐는 것이었다. 따라서 성경의 상당 부분들은 결코 믿을 만한 것이 못 된다는 나름대로의 결론을 내렸다.

고등학교를 졸업하고 대학에 들어갔다. 평소 문학에 관심이 많았던 나는 국문학과를 택했다. 학교 근처에서 자취를 했는데 책을 읽을 시간과 사유할 시간이 충분한 나날이었다. 나는 이 시기 풍부한 시간을 활용하여 책도 읽고 철학과의 강의도 틈틈이 경청하여 참된 진리의 길을 찾으리라는 계획을 세웠다. 실제로 그 당시 들었던 철학과의 강의들은 불교철학사, 중국철학사, 인도철학사, 서양철학사 등이었고, 그 무렵 읽었던 철학서적도 칸트, 쇼펜하우어, 키에르케고르 등의 두껍고 지루한 저작들을 애써 읽었던 기억이 난다. 그러나 나는 그러한 간절한 소망과 노력에도 불구하고 끝내 만족스런 답을 얻지는 못했다. 다만 좀 막연하기는 하나 내가 구하는 진리는 창조주와 무관해서는 안 된다는 쪽으로 가닥을 잡기는 했다.

결혼과 졸업이 숨 가쁘게 이어지고, 중등학교 교사가 됨과 동시에 직장생활이 시작되었다. 나는 평생 두 학교에만 부임을 했는데 이상하게도 두 학교 다 미션스쿨이었다. 그러나 나는 여전히 형식적인 교인에 머물러 있었다. 자식들이 자라감에 따라 가장으로서의 책임도 자꾸만 무거워져갔다. 그러다 보니 진리를 찾겠다는 생각은 까마득히 잊어 버렸고, 어느 새 나는 동료들과 어울리면 술도 한 잔씩 하고 적당히 죄도 짓는 사람이 되어 있었다.

하기는 50년 동안 한 번도 새벽기도를 빠지지 않았다는 어느 원로장로, 하루 세 끼 식사를 무엇으로 할 것인지 때마다 계시를 받는다는 어느 집사, 부흥회에서 방언을 받았다는 어느 여집사, 천국에 갈는지 지옥에 갈는지는 죽어봐야 안다는 어느 동료교사 등 온갖 부류의 교인들이 뒤섞인 틈바구니에서 진리를 깨우치기란 애초부터 무망한 일인지도 몰랐다.

그러다 82년 무렵 집사람이 기독교복음침례회에서 구원을 받는 사건이 일어났다. 그러자 자연 나에게도 집회와 수련회 등에 참여할 수 있는 기회가 왔고, 행위가 아닌 믿음으로 구원받는다는 신선하기 이를 데 없는 구원의 복음에 접할 수가 있었다. 그러나 원래가 굼뜨고 무엇에 가볍게 휩쓸리지 않는, 이른바 돌다리도 두드려 건너는 식의 둔중한 성격의 나는 정작 쉽게 구원이 받아들여지지가 않았다. 그러다 결국 그 후 여러 번의 수련회 참석과 상담 끝에 86년에야 구원을 받고 침례에 순종했다. 하지만 그 얼마간의 구원의 기쁨도 잠시였다. 사업을 한다는 핑계로 지속되는 물질헌납 요구는 90년대 말에 이르러 더 이상 견딜 수 없는 지경이 되었고, 마침내 입교 15년 만에 단호히 결별의 수순을 밟았다.

2000년 한 지인의 소개로 천안에 있는 감리교 계통 은하원교회를 알게 되었다. 그곳 목사가 녹음한 30개 정도의 로마서 강해 테이프를 들어본 끝에 비교적 건전하다는 판단이 서서 그 교회에 적을 두기로 했다. 그러나 구원에의 확신과 신앙생활의 성장을 아울러 기대했으나 까고 또 까도 벗겨지는 양파처럼 설교 테이프를 듣고 들어도 끝내 알맹이는 없고 아리송하기만 했다. 예컨대 그의 교리는 구원의 영원한 보장을 말한 로마서 8:38,39, 끝까지 견디는 자는 구원을 받는다는 마태복음 24:13, 그리고 떨어져 나간다면 회개시킬 수 없다는 히브리서 6:4-6을 교회시대에 일괄 적용하는 식이었다. 찬찬히 보면 말씀들이 서로 상충하고 있는데도 그는 그때마다 묘한 어법으로 구렁이 담 넘듯 넘어가곤 하니 신자인 나로서는 끝내 혼미함을 벗어날 수가 없었다. 5년 만에 은하원교회와도 결별을 하고 말았다.

2005년 늦여름, 30년 동안 당뇨로 고생하시던 어머님께서 돌아가셨다.

장례를 치르고 난 뒤 한 달 후쯤 큰아이가 느닷없이 혈당측정기를 하나 구해 와서 나더러 당뇨병은 유전적인 요소가 많다며 혈당 측정을 해보자 하였다. 나는 그때까지 누구보다도 건강에 대해서는 자부하고 있었던 터라 나 자신이 당뇨환자이리라고는 1%의 가능성도 열어놓지 않은 채 측정에 응했다. 그날은 마침 집사람이 시장에서 햇밤을 한 되 사와서 맛있게 먹고 난 뒤였는데 뜻밖의 사건이 일어났다. 나의 혈당 수치가 자그마치 350이 넘게 나왔던 것이다. 나는 내 눈을 의심하였다. 쉽게 납득할 수 없었던 나는 몇 번의 측정을 더 시도했다. 그러나 결과는 대동소이했다.

실로 그 일은 충격 그 자체였다. 나도 모르는 사이에 죽음이 나의 지근거리에까지 접근했음을 절감하지 않을 수 없었다. 나는 그 즉시 병원에서 보다 정밀한 진단을 받아 혈당관리에 들어가는 한편, 어떻게 하든 공부를 하여 "인생은 어디서 와서, 무엇 때문에 살고, 죽고 난 다음에는 어디로 가는가?" 하는 문제만은 풀고 가야겠다는 일대 결심을 하기에 이르렀다.

이듬해인 2006년 4월 중순경이었다. 나는 여느 때처럼 학원 사무실에 나가서 책을 읽고 있던 중이었는데, 둘째아이가 배달된 신문을 보다 말고 이것 좀 보시라며 나에게 들고 왔다. 그것은 한글킹제임스성경과 개역성경의 구절들의 차이를 비교한 전면광고였다.

나는 그때까지 내가 가진 한글개역성경만이 유일무이한 하나님의 말씀으로만 알고 있었고, 바른 성경과 틀린 성경이 있다는 사실에 대해서는 금시초문이었기에 마치 상하의 나라 아프리카에서 만년설로 덮인 킬리만자로의 만년설을 바라보는 일 만큼이나 그 전면광고가 새롭고 이채로웠다.

맨 처음 내 눈에 들어온 것은 구약 욥기 19:26 말씀이었다. 이 구절이 한글킹제임스성경에는 『**내 피부에 벌레들이 이 몸을 멸하여도 내가 내 몸을 입고 하나님을 보리라.**』라고 되어 있으나 개역성경에는 "나의 이 가죽, 이것이 썩은 후에 내가 육체 밖에서 하나님을 보리라."고 되어 있다는 것이었다. 그리고 그 맨 오른쪽 칸에는 양자의 차이를 비교한 간단한 설명이 있었다. 즉 전자가 정확하게 몸의 실제적 부활을 언급하고 있는데 반해 후자는 "육체 밖에서 하나님을 보리라."고 바꿈으로써 몸의 부활을 전하는 진리를 제거했다는 것이었다. 나는 한눈에 수긍했다.

다음으로 나의 눈에 들어온 구절은 구약 다니엘 3:25 말씀이었다. 이 구절이 한글킹제임스성경에는 『**왕이 대답하여 말하기를 "보라, 내가 보니, 네 사람이 풀려서 불 가운데서 걸어다니고 있는데, 그들이 다치지도 않았으며, 그 넷째의 모습은 하나님의 아들과 같도다."**』라고 되어 있으나 개역성경에는 "왕이 또 말하여 가로되 내가 보니 결박되지 아니한 네 사람이 불 가운데로 다니는데 상하지도 아니하였고 그 넷째의 모양은 신들의 아들과 같도다"로 되어 있다는 것이었다. 그리고 역시 맨 오른쪽 칸에 간단한 설명이 붙어 있었다. 곧 전자는 용광로 속에서 다니엘의 세 친구를 보호해 주신 분은 하나님의 아들로 이분이 바로 구약에 나타난 예수 그리스도임을 명확히 밝히고 있는데 반해, 후자는 이 부분을 "신들의 아들"로 변개함으로써 예수 그리스도를 이방신의 아들로 격하시키고 있다는 것이었다. 나는 이 부분 또한 흔쾌히 수긍하지 않을 수 없었다.

나는 그날로 즉시 한글킹제임스성경 한 권을 주문했다. 3일만엔가 성경이 도착했다. 그런데 성경에 딸려 온 "나의 사랑하는 책"이라는 말씀보존학회의 작은 책자 하나가 있었다. 나는 이 작은 책자 하나가 내 인생을 송두리째 바꾸리라고는 당시는 짐작조차 못했다. 말미 부분에 국내 최초 On-Off Line으로 공부할 수 있는 킹제임스성경신학대학에 대한 광고가 실려 있는 것이 아니겠는가! 실로 눈이 번쩍 뜨이는 희소식이었다. 낮에는 일해야 하고 밤에만 시간이 나는 내게는 정말 안성맞춤의 신학대학이 아닐 수 없었다. 곧바로 컴퓨터에서 사이트를 찾아 입장했다. 고맙게도 그 당시에는 일주일 강의 무료체험 프로그램까지 있었다.

나는 무료체험 강의를 들어보며 혹시 이단일지도 모른다는 생각에 신경을 곤두세웠다. 그도 그럴 것이 나는 그때까지의 내 인생 59년 가운데 대부분을 대체로 기독교의 울타리 안에서 머물렀지만 바른 길을 찾지 못하고 방황을 계속하고 있던 참이었다. 장로교에서 30년, 기독교복음침례회에서 15년, 감리교 계통 은하원교회에서 5년, 도합 50년의 길고 긴 방황이었다. 한 번 더 옳지 못한 곳에 빠지면 그것으로 인생도 끝날 가능성이 다분했기에 나로서는 조심스럽지 않을 수 없었다. 몇 번이나 집사람과 함께 강의를 들어보고 의논까지 했다.

결국 교리상 별문제가 없다고 판단한 나는 일주일 무료체험 강의가 끝나던 날, 규정대로 구원 간증문을 메일로 부치고 등록금을 납부하여 킹제임스성경신학대학에 입학을 했다. 인터넷으로 하는 공부라 연중 어느 때고 입학이 가능했기 때문이다. 희귀한 일이지만 나는 그렇게 나이 59세에 킹제임스성경신학대학 신학과 1학년 학생이 된 것이었다. 과목은 1학년 1학기 과정이 창세기, 마태복음, 로마서, 조직신학, 교회사, 헬라어, 개인 구령, 세대적 진리, 성경지리학 등 11과목이나 되었다. 과목 당 최소한 두 번은 강의를 듣는다고 가정할 때 매주 들어야 할 강의 시간이 22시간이나 되었으므로 밤마다 세 시간의 공부는 기본이었다. 또 남들과는 사정이 다른 중증 당뇨환자였기에 혈당도 동시에 조절해야 했으므로, 지하실에 러닝머신을 차려 놓고 그 앞에 컴퓨터 한 대를 놓아 주로 걸으면서 강의를 듣는 식이었다. 이른바 주경야독(晝耕夜讀)이었지만 밤마다 홀로 하는 공부가 너무 재미있어서 피곤한 줄도 몰랐다. 퇴근하여 저녁식사가 끝나면 오늘은 또 무슨 내용이 나오려는가 하는 기대에 하루같이 가슴이 설레곤 했다.

1학년 1학기 시작이 남보다 한 달 반이 늦었기 때문에 나는 여름 방학 중에야 공부를 마치고 기말시험을 치를 수 있었다. 그러나 2학기부터는 정상적인 출발이었다. 날이면 날마다가 성경의 새로운 사실들을 알게 되는 기쁨의 시간들이었다. 가장 인상적인 공부는 창세기 공부와 로마서 공부였다. 창세기 공부를 통해서는 그때까지 궁금해 했던 우주에 대한 의문을 시원스럽게 풀 수 있었고, 또한 로마서 공부를 통해서는 개역성경의 불명확했던 부분들이 손바닥 들여다보듯 분명해져 내 개인의 구원문제를 확실하게 매듭짓는 계기가 되었다.

킹제임스성경신학대학 입학과 함께 선택한 성경침례교회는 한글킹제임스성경이라는 바른 성경과 함께 그 말씀에 한 치 어긋남이 없이 포개지는 구원과 영생과 믿음의 교리들이 어느 하나 명쾌하지 않은 것이 없었다. 가령 데살로니가전서 1:4을 우리나라 대부분의 교회들이 사용하고 있는 개역성경을 보면, <하나님의 사랑하심을 받은 형제들아 너희를 택하심을 아노라>고 되어 있다. 바로 이 구절을 한글킹제임스성경에서 찾아보면 그 의미가 다음과 같이 정반대로 되어 있다. 『**사랑하는 형제들아, 너희가 하나님을 선택한 것을 아노라.**』 보다시피 개역성경은 하나님의 의지가 절대적인데 반해, 한글킹제임스성경은 사람의 의지가 곧 그 사람의 구원에 절대적임을 말하고 있다. 이 얼마나 인간에게 자유의지를 주신 하나님의 뜻에 부합되는 말씀이며, 또 얼마나 명쾌하고도 바른 믿음의 도리란 말인가!

성경이 말씀하는 구원의 복음은 단순하고도 쉽다. 『**너희가 믿음으로 말미암아 은혜로 구원을 받았으니 이것은 너희에게서 난 것이 아니요, 하나님의 선물이라. 행위에서 난 것이 아니니 아무도 자랑하지 못하게 하려 하심이라.**』(에베소서 2:8,9)는 말씀이나, 『**네가 네 입으로 주 예수를 시인하고 또 하나님께서 그를 죽은 자들로부터 살리신 것을 네 마음에 믿으면 구원을 받으리라. 이는 사람이 마음으로 믿어 의에 이르고 입으로 고백하여 구원에 이르기 때문이라.**』(로마서 10:9,10)는 말씀에 이르기까지 오히려 너무 쉬워서 탈이라면 탈이다. 나는 비로소 신약만 해도 2,200여

군데가 삭제되고 변개된 개역성경의 혼미한 말씀이 아니라, 하나님께서 보존하셔서 우리말로 우리 민족에게 주신 한글킹제임스성경의 순수한 진리의 말씀에 의해 나 자신이 새로 태어났음을 확신했다.

한글킹제임스성경과의 나의 너무도 극적인 조우(遭遇)! 지금 생각해 봐도 그 일은 손에 땀을 쥘 만큼 아슬아슬한 일이었다. 만약 그때 동아일보가 아닌 다른 신문을 받아보았더라면 나는 결코 그 전면광고를 접하지 못했을 것이다. 설사 동아일보를 보았더라도 그 광고를 눈여겨본 둘째아이가 아니었다면 나는 그 전면광고를 그냥 지나쳤을 가능성이 컸다. 아니, 설령 그 광고를 읽었더라도 내 몸에 당뇨병이 오지 않았더라면 나는 굳이 한글킹제임스성경을 주문하지 않았을 것이다. 또 한글킹제임스성경이 내 손에 쥐어졌더라도 내 몸이 건강했다면 나는 결코 신학공부까지 할 생각은 못했을 것이다. 하지만 나는 공교롭게도 그때 동아일보를 구독하고 있었고, 그 전면광고를 둘째아이 덕분에 놓치지 않고 보았으며, 한글킹제임스성경 주문에 이어 급기야는 킹제임스성경신학대학에 입학까지 했다. 실로 숨 돌릴 겨를 없는 우연의 연속이었다. 그런데 다시 보니 그 모든 일들이 우연이 아니라 필연이었다.

어느 날 밤이었다. 서울 성경침례교회 이송오 목사님의 설교를 테이프로 듣고 있었다. 감동적인 설교가 끝난 뒤 성도들이 함께 부르는 찬송가가 흘러나왔다. 95장 찬송가였다.

내 지난 날 돌아보며 험난한 길 생각할 때
나 기뻐 노래할 말은 예수 인도하셨네
매일 발걸음마다 예수 인도하셨네

**나의 짐 다 벗고 성도 앞에 간증하는 말
예수 인도하셨네**

그 순간 나도 몰래 눈물이 솟구쳤다. 이래도저래도 깨닫지 못하는, 지옥 형벌만이 적격인 지지리도 둔한 나를 병으로 치셔서 강박관념을 주시고, 똑바른 진리의 길을 찾기까지 매일 발걸음마다 인도하셨음을 마침내 속속들이 깨달았던 것이다. 나는 그날 밤 늦게까지 새삼 하나님의 은혜에 감사하며 더운 눈물을 쏟고 또 쏟았다.

로마서 2:7에는 『**참고 선을 행하여, 영광과 존귀와 썩지 아니함을 구하는 자들에게는 영원한 생명으로 하시고**』라는 말씀이 나온다. 이 말씀은 널리 알려진 대로 사도행전 10장에 나오는 코넬료라는 인물에 딱 부합되는 말씀이다. 냉정히 말하건대 나는 참고 선을 행한 사람은 아니었다. 그러나 얼마간의 썩지 아니함을 구한 것은 사실이었다. 초등학교 2학년 때부터 영생의 길을 꿈꾸었고, 대학시절에는 진리가 어느 쪽에 있나 하여 철학과의 여러 과목들을 숱하게 선택하여 듣기도 했으니 말이다. 하나님께서는 결국 제 자신밖에 모르는 나를, 더구나 나이로 보아서도 그만 용도 폐기를 해도 하등 불평이 있을 수 없는 나를 과분하게도 한 치 어그러짐 없이 바른 영생의 길로 인도하셨으니 실로 놀라운 축복이 아닐 수 없었다.

나는 날마다 진리를 알아가는 신학공부가 하도 좋아 2학년이 되면서부터는 집사람에게도 신학공부를 권유했다. 그리하여 2007년부터는 집사람도 1학년 신학과에 입학하여 한 집에 두 사람의 신학생이 생겼다. 우리는 서로 격려하며 밤마다 늦게까지 깨어 있는 사람들이 되었다.

2007년 봄 큰아이가 사귀던 아가씨와 결혼을 하겠다고 했다. 나는 『**믿지 않는 자들과 멍에를 같이 메지 말라. 의가 불의와 어찌 관계를 맺으며 빛이 어두움과 어찌 사귀겠느냐?**』(고후 6:14)는 말씀을 생각하고 아가씨를 불러 직접 구령을 했다. 아울러 침례를 받은 후에 결혼식을 올리도록 해야겠다는 생각을 하고는 당시 킹제임스성경신학대학 사무를 담당하고 있던 한 자매님과 의논을 했다. 그러자 4월 마지막 주일에 침례식이 있다는 소식과 함께 온 가족이 바른 성경과 바른 믿음을 갖게 되었으니 재침례도 의미 깊은 일이라고 조언을 아끼지 않았다. 그래서 그날 나와 집사람, 아들과 며느리 될 아이 이렇게 네 사람은 새벽에 경주를 출발했다. 중간에 휴게소에 들러 아침식사까지 했는데도 11시가 채 못 되어 방화동 서울교회에 도착할 수 있었다. 예배에 이은 침례식에서 성경대로 믿는 모든 성도들이 지켜보는 가운데 우리 부부는 재침례를, 아들과 며느리 될 아이는 침례를 받았다.

내가 애초에 신학공부를 시작한 것은 앞서 밝힌 대로 오직 진리를 알아야겠다는 소박한 소망에서였다. 가슴에 손을 얹고 단언하지만 나 자신이 목회를 하게 될지도 모른다는 전망을 해보거나, 혹은 여차하면 생계를 위해 목회를 해야겠다는 의지를 추호도 가져본 적이 없다. 그러나 2008년 6월 14일, 킹제임스성경신학대학 학장이자 성경침례교회 담임목사인 이송오 목사님께서는 뜻밖에도 내게 경주성경침례교회를 시작하라며 목회자 인증서를 주셨다. 나는 이것이 하나님의 명령임을 믿을 수밖에 없었다. 또한 하나님의 명령인 이상 순종하고 따르지 않을 도리는 더욱 없었다.

2009년 겨울에 나는 4년간의 신학공부를 마치고 마침내 졸업을 했다. 물론 나는 2008년 이래 지금까지 일관되게 목회자의 길을 걸어왔고 현재는 물론 또 앞으로도 죽는 날까지 그럴 요량으로 있다. 철저히 배교한 이 땅에서 성경대로 믿는 사람들의 대열에 참여하게 된 것만도 횡재인데, 더더구나 부족하기 이를 데 없는 내게 성경대로 믿는 사람들의 교회의 귀한 목회자의 직분까지 맡겨 주셨으니 이 어찌 놀랍고 감사한 하나님의 은혜가 아니겠는가!

3

나는 앞서 창세기 공부에서 우주에 대한 의문을 시원스럽게 풀었다는 말을 했다. 이제 나의 시와 관련하여 나의 우주관에 대해 얼마간 이야기하려 한다.

대체적으로 사람들은 성경을 종교의 한 경전 정도로 안다. 불교의 불경, 유교의 사서삼경, 이슬람교의 코란 등과 같이 성경 역시 기독교의 경전일 뿐, 그 이상도 그 이하도 아니라는 것이다. 따라서 그 내용이 전혀 과학적이거나 합리적이 아니므로 그냥 신자들은 모순된 내용도 믿음으로 받아들여야 한다는 막연한 생각을 한다.

그러나 나는 거기에 대해 정반대의 견해를 가지고 있다. 하나님은 우주를 정연한 법칙과 지혜로 창조하신 분이다. 그분은 또한 우주 만물과 더불어 인간도 창조하셨다. 그렇다면 피조물인 인간이 발전시켜온 과학 역시도 전능하신 하나님의 허락하신 한계를 결코 벗어날 수는 없을 것이라는 점이다.

옛날 사람들은 1492년 콜럼버스가 신대륙을 발견하기 전까지만 해도 땅은 평평하고 밑에서 기둥이 떠받치고 있으며, 바다 저 끝에 가면 물이 철철 떨어지고 있으리라는 상상을 했다. 따라서 사람들은 확인해 보지도 않고 성경 역시 그러한 천동설을 지지한다고 생각해왔다. 물론 해와 달이 뜨고 진다는 말이 있으니 천동설과 관계된 말이 아주 없다고는 할 수 없다. 그러나 성경은 천동설이니 지동설이니 하는 인간의 학설로 이렇다 저렇다 평가할 수 있는 책이 아니다. 지금부터 2700년 전에 기록된 구약성경 이사야서의 말씀 한 구절을 보기로 하자.

『**원형의 지구 위에 앉으신 분이 그분이시니 그곳의 거민들이 메뚜기 같으며, 하늘들을 휘장같이 펼치셨으며**』(이사야 40:22).

보는 바대로 성경은 애초부터 지구가 원구임을 밝히고 있다. 이뿐이 아니다. 지금부터 약 3800년 전에 기록된 욥기의 한 구절을 더 보기로 하자.

『**그는 북쪽을 빈 자리에 펼치시고 땅을 허공에 매다시는도다**』(욥기 26:7).

여기에는 지구가 기둥에 의해 떠받쳐져 있는 것이 아니고 우주라는 허공에 끈도 없이 매달려 떠 있음을 말하고 있다.

실로 놀라운 말씀들 아닌가! 이 지구상에 여러 경전이 있고 수많은 책들이 있지만 아득한 옛날에 기록되었으면서도 이런 엄청난 우주에 대한 진리의 말씀들이 고스란히 기록된 책을 나는 일찍이 어디에서도 본 적이 없다. 이제 이쯤에서 성경이 말씀하는 우주, 중심, 빛 등에 대해 하나씩 가닥을 잡아 이야기해 보려한다.

첫째는 세 개의 하늘과 깊음에 관한 것이다. 고린도후서 12:2-4을 보면 사도 바울이 셋째하늘에 다녀온 진솔한 고백이 나온다. 여기에서 셋째하늘이란 용어를 사용하고 있다는 것은 첫째하늘과 둘째하늘이 존재한다는 사실을 바탕으로 하고 있음이 명백하다. 다음 작품 한 편을 읽고 이야기를 계속하기로 하자.

> **아는가, 첫째하늘과 별 떨기의 둘째하늘**
> **나침반이 가리키는 정북(正北)을 곧장 가면**
> **그 무려 3조 광년의 텅텅 빈 큰 공간을…**
>
> **아득한 망망대해 태평양의 삼십억 배쯤**
> **그렇게 많은 물들이 두 하늘 위에 있다**
> **표면이 절대영도로 얼어 있는 물 무더기**
>
> **그 물을 경계로 하여 낮과 밤은 끝나고**
> **일체의 분자활동이 다 멎은 얼음 수정 위**
> **위대한 왕의 도성이 자리 잡고 있나니**
>
> **아는가, 한 톨 어둠이 용납되지 않는 나라**
> **해와 달과 등불도 더 이상 필요 없는 곳**
> **의(義)의 왕 홀로 빛이신 세 번째의 하늘을!**
> ―〈위대한 거처(居處)〉 전문

 이 시를 보면 세 개의 하늘이 등장한다. 첫째하늘, 둘째하늘, 셋째하늘이 그것이다. 첫째하늘은 지구를 둘러싸고 있는 대기권을 말한다. 둘째하늘은 해, 달, 별들이 빛나는 공간으로 흔히 우주로 일컬어지는 하늘을 말한다. 이곳에는 1천억 개의 은하와 각 은하에는 다시 1천억 개씩의 별들이 떠 있는, 우리의 상상을 훨씬 초월하는 넓은 공간이다. 지구에서 정북(正北) 방향으로 우주(둘째하늘) 끝까지의 거리는 미국의 피터 럭크만 박사의 욥기 주석서에 의하면 약 3조 광년이라고 한다.

둘째하늘 너머 바깥은 셋째하늘로 일컬어지는 곳으로, 우리가 살고 있는 지구와 별들이 반짝이는 우주를 창조하신 하나님의 보좌가 있는 곳이다. 이곳은 나침반의 바늘이 가리키는 정북(正北) 방향에 있으며, 북극성 뒤쪽으로 별도 없는 3조 광년에 해당하는 큰 공간이 있는데, 이 큰 공간 너머가 바로 절대자의 보좌가 있는 그곳이다.

이쯤에서 한 가지 설명해야 할 사항이 있다. 바로 둘째 수에 나오는 거대한 '물 무더기'에 관한 것이다. 이 '물 무더기' 역시 성경적 용어(하박국 3:15)이다. 이 물 무더기를 성경은 다른 말로 깊음(deep), 바다(sea), 유리바다(sea of glass)등으로 지칭한다. 이 중 깊음만 해도 성경에 약 30회에 걸쳐 언급되고 있는데 대표적 용례를 몇 개만 보이면 다음과 같다.

『땅은 형체가 없고 공허하며 어두움이 깊음의 표면에 있으며 하나님의 영은 물들의 표면에서 거니시더라.』(창세기 1:2).

『노아의 생이 육백 세 되던 해 둘째 달, 그 달 십칠일, 그날에 모든 큰 깊음의 샘들이 터지고 하늘의 창들이 열렸으니』(창세기 7:11).

『주께서는 옷으로 덮은 것같이 깊음으로 땅을 덮으셨으니 물들이 산들 위에 섰나이다.』(시편 104:6).

이 물 무더기는 정확히 정북 방향 둘째하늘과 셋째하늘의 경계에 위치한다. 그리고 이 물 무더기의 양은 지구의 가장 큰 바다인 태평양의 물의 약 30억 배에 해당한다고 한다. 이 물 무더기의 현재 상태는 욥기와 요한계시록에 비교적 구체적으로 나타난다.

『당신이 그분과 함께 단단하고 부어 만든 거울 같은 하늘

을 폈느뇨?』(욥기 37:18)

『물이 돌로 된 것처럼 감추어졌고 깊음의 표면은 얼어 있도다』(욥기 38:30).

『보좌 앞에는 수정과 같은 유리 바다가 있고, 그 보좌 가운데와 그 보좌 주위에는 앞뒤로 눈이 가득한 네 짐승이 있더라』(요한계시록 4:6).

이 말씀들을 종합해 보면 현재 이 물 무더기의 상태는 위쪽, 곧 우주의 바깥쪽이 절대영도(-273.16도)로 얼어 있어 수정처럼 맑은 유리바다를 이루고 있으며, 그 쇠보다도 단단한 얼음 위에 하나님의 보좌가 있음을 알게 해준다. 현대 과학의 정의에 따르면 절대영도가 되면 물체는 부피가 제로가 되며 시간은 정지가 된다고 한다. 시간이 정지가 된 곳, 그곳이 바로 영원한 분과 더불어 영원(永遠)이 존재하는 곳임이 절로 자명해진다.

그런데 이 깊음이 언제 어떻게 해서 생겨났는가 하는 점이다.

창세기가 조명해주는 바에 따르면 태초에 하늘과 땅(지구)이 창조된 후 천사들이 땅의 주인공이던 시절이 있었다. 그 세상이 얼마나 오래 계속 되었는지는 알 수 없으나 다섯 번째 그룹(사탄 루시퍼)(에스겔 28장, 이사야14장)이 천사들을 선동하여 하나님께 반역을 꾀했다. 그러자 하나님께서는 거대한 물 무더기로 땅을 심판하셨는데, 그 심판 받은 모습이 바로 창세기 1:2이다. 말 그대로 이 무렵 지구는 거대한 깊음 속에 잠겨 있었다.

그리하여 창세기 1:3부터는 재창조가 시작되었다. 첫째 날에 빛, 둘째 날에 현재의 우주, 셋째 날에 육지와 바다와 식물, 넷째 날에 해, 달, 별, 다섯째 날에 물속의 동물들과 하늘의 새들, 여섯째 날에 땅위의 각종 생물들과 사람 등의 순서로 창조를 진행하셨는데, 둘째 날의 창조기사(창세기 1:6-8)가 우주와 깊음의 모습을 비교적 분명하게 조명해 준다.

『하나님께서 말씀하시기를 "물들 가운데 창공이 있으라. 창공으로 물들에서 물들을 나누게 하라." 하시니라. 하나님께서 창공을 만드시고 창공 위에 있는 물들에서 창공 아래 있는 물들을 나누시니 그대로 되니라. 하나님께서 창공을 하늘이라 부르시니라. 저녁과 아침이 되니 둘째 날이더라.』

이 말씀에 나타난 '물들'은 곧 깊음이며, 물들 가운데 생겨난 창공이 바로 우주임을 알게 된다. 이때부터 땅(지구)은 창공 가운데, 곧 오늘날과 같이 허공에 뜬 채 위치하게 되었고, 바로 뒤에 나오는 '창공 위에 있는 물들'은 깊음이며, '창공 아래 있는 물들'은 지구의 바다임도 자명해진다. 미국의 클라렌스 라킨이 지은 <세대적 진리>(말씀보존학회 간)에 따르면 우주의 모습은 피라미드의 모습과 흡사하다고 한다. 따라서 창공의 가장자리로 몰려간 깊음은 시간과 공간의 경계로 현재의 우주를 담은 거대한 용기(容器)라는 사실을 우리는 비로소 이해할 수 있다. 이 깊음의 꼭대기는 오리온 성좌의 베이 성운(Bay Nebula) 저 너머 적어도 1억 마일에 걸쳐 펼쳐져 있다. 그리고 우주라는 피라미드의 꼭짓점 자리가 바로 셋째하늘이며, 그곳에 우주를 창조하신 하나님의 보좌가 있음을 우리는 눈으로 보지 않고도 머릿속으로 그려볼 수 있는 것이다.

2011년 7월 23일 미국 캘리포니아 공과대학 과학자들이 지구로부터 120억 광년 거리에 있는 우주의 가장자리에서 지구의 바닷물 총합보다 무려 140조 배에 달하는 물 덩어리를 발견했다 하여 세계적으로 화제가 된 바 있다. 한국의 각 일간지들도 이 사실을 하루 뒤인 7월 24일 자에 해외 토픽으로 일제히 보도했다.

앞서 말한 대로 깊음이 현재 우주를 담고 있는 큰 용기(容器)가 되어 있다면 우주의 가장자리에 물이 있을 것은 명약관화한 사실이다. 왜냐하면 깊음이야말로 곧 우주를 껍질처럼 둘러싸고 있는 거대한 물층이기 때문이다. 성경은 지금부터 3800여 년 전에 욥기에서 이미 이 물 무더기(깊음)의 존재를 말해놓고 있는데 (성경에는 이 외에도 창세기를 비롯하여 여러 책들에서 무려 수십 회에 걸쳐 이 깊음에 대해 언급하고 있다.) 현대 과학은 이제 와서 겨우 우주 저 편 물 덩어리의 존재를 발견하고는 무슨 큰일이나 해낸 것처럼 호들갑을 떨고 있으니 얼마나 우스운 일인가. 마치 살강 밑에서 숟가락 하나 주운 일을 만천하에 생색내는 일이나 진배없다 할 것이다. 믿기 힘든 사실이겠지만 과학은 이렇게 성경이 말하고 있는 사실들에 대해 많게는 수천 년에서 적게는 최소 백 년까지 뒤처져 있다.

그런데 앞서 인용한 창세기 1:6-8 말씀에서 '창공 위에 있는 물들'을 우주 저편의 깊음(물 무더기)이 아닌 하늘의 수증기(구름) 정도로 해석한 성경 주석가들이 세상에는 95% 이상 절대다수를 차지한다. 그러나 그렇게 되면 큰 모순이 발생한다. 즉 창세기 1:14 이하를 보면 하나님께서는 "하늘의 창공에 광명들이 있으라."라고 하시며 해, 달, 별들을 창조하심을 볼 수 있는데, 만일 '창공 위에 있는 물들'이 수증기(구름)라면 땅(지구)과 구름 사이에 해, 달, 별들이 창조되었다는 엉터리 이야기가 되고 만다. 결국 이런 함량미달의 사람들이 쓴 근시안적이고 유치한 주석은 세상 과학자들로 하여금 성경을 조롱하게 하는 빌미 외에 아무것도 아니다. 따라서 '창공 위에 있는 물들'은 절대로 하늘에 떠다니는 수증기(구름)가 아닌 것이다.

이쯤에서 하나 밝히고 넘어갈 일이 있다. 대부분의 창세기 주석가들은 노아의 대홍수를 지구와 대기권의 물로만 설명을 하려 한다. 그러나 향상된 계시의 챔피언 미국의 피터 럭크만 박사는 그의 창세기 주석에서 유일하게 노아의 대홍수는 우주 저편의 깊음, 곧 물 무더기 중의 일부가 건너와서 일으킨 것임을 밝히고 있다. 성경을 자세히 읽어봐도 대홍수의 시작과 끝에 역시 '깊음'이라는 단어가 들어 있어 이 사실을 명백히 뒷받침해 준다.

지금까지 비교적 긴 설명을 통해 이야기한 것을 하나의 그림으로 요약하면 대략 다음과 같다.

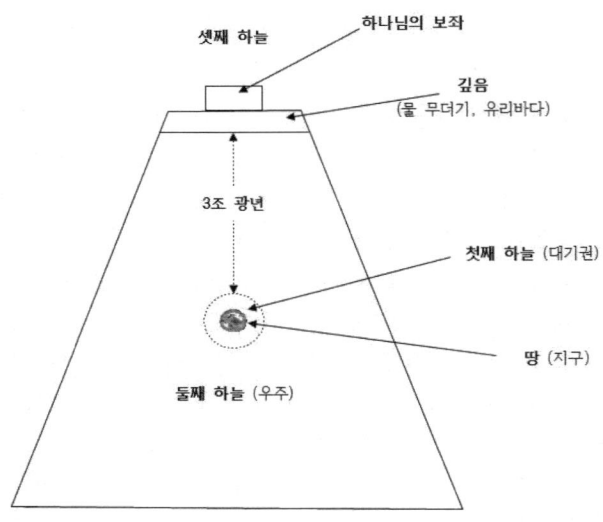

〈성경이 조명해 주는 우주의 모습〉

둘째는 빛에 관한 것이다. 다시 한 편의 작품을 더 읽고 이야기를 진행하기로 하자.

돌보다 더 단단한 깊음을 곧장 뚫고 한 차례 굴절도 없이 먼 우주 가로질러 사람들 가슴 가슴에 와 닿는 빛이 있다

바위나 흙벽으로 가로막지 못하는 빛, 눈썹 밑 두 눈에는 잡힌 적이 없는 빛, 마음눈 밝은 자들이 무릎 꿇고 받는 빛

백에 아흔아홉이 감지조차 못 해도 햇빛과 달빛이 아닌, 별빛은 더욱 아닌, 잘 부신 질그릇마다 찰랑찰랑 담기는 빛

멀고 먼 3조 광년 천억 은하 건너와서 굳이 잠긴 빗장을 따 마음 문 열어젖히고 미망의 어둔 골짝들 비추는 빛이 있다
―〈빛〉 전문

보다시피 이 시에 나타나는 빛은 이전에 우리가 알고 있는 예사로운 빛이 아님을 한눈에 알 수 있다. 즉 이 빛은 우리가 생각하는 물리적인 빛이 아닌 것이다. '바위나 흙벽으로 가로막지 못하는 빛, 눈썹 밑 두 눈에는 잡힌 적이 없는 빛, 마음눈 밝은 자들이 무릎 꿇고 받는 빛'이라는 둘째 수가 그것을 잘 보여준다. 자, 그렇다면 이 '빛'은 대체 어떤 빛인가?

빛은 창세기 1:3에서 처음으로 창조된다. 『하나님께서 말씀하시기를 "빛이 있으라." 하시니, 빛이 있더라.』(창세기 1:3) 물론 이 빛 역시 우리가 생각하는 물리적인 빛은 아니다. 이 빛은 하나님 자신의 빛이다. 천문학자들이 정북(正北) 방향 빛나지 않는 오리온 성좌 베이(Bay) 성운 뒤쪽을 조사해 본 결과 하늘에 큰 구멍으로 된 틈이 있고, 이 틈을 통해 너무도 밝은 빛이 들어오고 있는데, 우리 태양계의 태양 같은 별은 커튼에 붙은 파리똥 정도로 비춰진다는 사실을 발견해 냈다고 한다. 십중팔구는 이 빛이야말로 바로 하나님 자신의 빛일 것이다.

우리가 쉽게 이해할 수 있는 물리적인 빛은 창세기 1:14-16에 비로소 나타난다.

『하나님께서 말씀하시기를 "낮과 밤을 나누기 위하여 하늘의 창공에 광명들이 있으라. 그것들로 하여금 징조와 계절과 날짜와 연도를 위해 있게 하라. 그리고 광명들은 하늘의 창공에 빛이 되어 땅 위에 빛을 주라." 하시니 그대로 되니라. 하나님께서 두 가지 큰 광명을 만드사, 큰 광명은 낮을 주관하게 하시고 작은 광명은 밤을 주관하게 하시며 별들도 만드시니라.』

여기를 보면 우리가 알고 있는 물리적인 빛은 넷째 날 해, 달, 별의 창조와 더불어 창조되었음을 알 수 있다.

그렇다면 작품 <빛>에서 노래한 빛은 도대체 어떤 빛인가? 결론부터 말하면 이 작품에 나타나는 빛은 창세기 1:3에 나타나는 바로 그 빛이다. 그런데 이 빛에 대하여 가장 정확히 조명해주는 말씀은 요한복음에 나타난다. 먼저 요한복음 1:4,5이다. 『그분 안에 생명이 있었으니 그 생명은 사람들의 빛이라. 그 빛이 어두움 속에 비치어도 어두움은 그것을 깨닫지 못하더라.』 여기를 보면 그분(창조주) 안에 있는 생명이 곧 빛임을 말하고 있다. 그러나 이 빛의 가장 정확한 조명은 요한복음 1:9,10에서 나타난다. 『세상으로 들어오는 모든 사람에게 비치는 참 빛이 있었으니 그가 세상에 계셨고 세상이 그에 의하여 지은 바 되었으나 세상은 그를 알지 못하더라.』 이 말씀에 이르러 '참 빛'은 햇빛과 같은 단순한 물리적인 빛이 아니라, 어디까지나 영적인 빛이며, 나아가 이 빛은 곧 예수 그리스도 그분 자신임을 알게 되는 것이다.

셋째는 우주의 중심에 관한 것이다. 다음 작품 한 편을 더 읽은 뒤에 이야기를 진행시키기로 하자.

태양은 위치적으론 태양계의 중심이다
크기가 놀랍게도 지구의 백삼십만 배
여남은 행성들이 모두 그 둘레를 돌고 있다

하나 가운데라고 꼭 중심은 아닌 것
누가 누구를 위해 일하고 있는가 보면
비로소 눈이 열리며 떠오르는 또 다른 중심

생명의 터전으로 초록별을 지었다면
태양은 그를 위한 조명과 난방 장치
어둔 밤 뜨는 저 달이야 보조조명 아닌가

식구들 많다 해도 아기 하나 왕자이듯
푸른 숲 푸른 파도 갈기처럼 휘날리며
생명의 수레바퀴 하나 큰 허공을 굴러간다
―〈중심에 대하여〉 전문

과학은 태양이 먼저 있었고 그 태양에서 떨어져 나온 불덩어리들이 식어서 지금의 수성, 금성, 지구, 화성, 목성, 토성 등이 되었다고 말한다. 태양계 행성들의 공전 방향은 하나같이 반시계방향이라고 한다. 그런데 자전 방향은 금성과 천왕성을 제외한 모든 행성이 반시계방향이고 금성과 천왕성만은 예외로 시계방향이라고 한다. 그렇다면 애초의 가정으로 돌아가 모든 행성이 태양의 회전에 따라 불덩어리가 떨어져나가 생겨났다면 왜 금성과 천왕성만이 예외가 되어야 하는가? 여기에 대해서 과학은 금성의 자전방향에 대해서 애초에는 반시계방향이었는데 소행성이 금성에 충돌하여 자전 방향이 시계방향으로 바뀌게 되었다는 아주 기발한 상상을 가미하고 있다.

그러나 전혀 그런 설에 구애됨이 없이 성경은 바보스럽게도 하늘과 땅(지구)은 최초의 창조물이고, 해, 달, 별들은 넷째 날에야 지구를 위해 창조되었음을 말씀하고 있다. 하기는 성경 가운데 가장 오래된 욥기가 지금부터 약 3800년 전에 기록되었고, 가장 뒤에 기록된 요한복음이나 요한계시록 등도 지금부터 적어도 1920년 전에 기록된 말씀임을 생각해 본다면 성경이 과학의 이론에 눈치를 볼 필요는 없을 것이다.

그렇다면 과학이 말하는 것이 진리인가, 아니면 성경이 말하는 것이 진리인가? 단도직입적으로 말해 나는 성경이 말하고 있는 기사가 진리라고 본다. 무엇으로 그 사실을 알 수 있는가? 누가 누구를 위해 일하고 있는가를 보면 그것은 절로 자명해진다. 태양은 지구를 위해 존재한다. 비록 크기가 지구의 1백30만 배나 되지만 그는 지구의 난방장치이자 조명장치일 뿐이다. 결코 지구가 그를 위해 존재하는 것이 아닌 것이다. 달 역시 마찬가지이다. 그는 지구의 밤을 위한 조명장치이며 밀물과 썰물을 일으켜 바다를 풍성하게 한다.

이런 사실들에서 우주의 주인공이자 중심은 지구임이 분명해진다. 결코 위치적 중심이 실제적 중심이 아닌 것이다.

넷째는 월식(月蝕)이 주는 교훈이다. 우리가 잘 아는 바대로 월식은 태양, 지구, 달의 순서로 일직선상에 놓일 때 일어난다. 다음 시를 보도록 하자.

임과 나 둘 사이 세상이 끼어듭니다// 빛나던 임의 얼굴 어둠에 휩싸입니다// 덩달아 내 얼굴마저// 그늘 속에 잠깁니다

안간힘 안간힘으로 세상을 밀어냅니다// 어둡던 임의 얼굴이 조금씩 밝아옵니다// 우러러 환한 꽃으로// 내 얼굴도 피어납니다

— 〈월식(月蝕)〉 전문

이 작품을 정확하게 해석하는 관건은 임, 나, 세상이 각각 무엇을 가리키는가 하는 점부터 명확히 아는 일이다. 임은 태양으로 예수 그리스도이고(말라기 4:2), 나는 달(月)로 교회(성도들)이며(솔로몬의 노래 6:10), 세상은 우리가 사는 지구이다.

미국의 브라이언 도노반 목사가 지은 〈솔로몬의 노래〉 주석을 펼치면, 태양과 세상(지구)과 달의 관계에 대한 멋진 조명을 볼 수 있다. 성도는 언제나 의의 태양이신 예수 그리스도를 바라보아야 한다. 성도가 세상 욕심에 이끌려 예수 그리스도로부터 눈길을 돌리면 그는 그리스도의 빛을 반사할 수가 없다. 바로 월식이 주는 교훈이다. 따라서 성도는 가능한 한 세상에 대한 욕심을 버리고 오직 그리스도만을 바라보려 혼신의 힘을 다해야 한다. 그 길만이 성도가 세상을 향해 그리스도의 빛을 비출 수 있는 유일한 길이기 때문이다.

다섯째는 성경이 영원의 세계로 가는 이 세상 유일의 지도(地圖)라는 사실이다.

내게는 아주 오랜 지도 하나가 있다
십만이나 백만 분의 일 예사 축척(縮尺)이 아닌

줄글로 우주를 옮긴 미증유의 대 축척

갈피갈피 널려 있는 상징의 조각들 모아
퍼즐 맞추듯 큰 그림을 완성하면
영원의 성(城)으로 가는 좁은 길이 떠오르는…

많이는 어리석은 신화(神話)라 외면하고
더러는 새길 만한 수신서(修身書)라 이르지만
그 정작 지도인 줄은 아는 이가 드문 보물

닳아서 모지라지고 손때마저 끼었어도
밤마다 묵상(默想) 속에 눈부신 빛이 쌓이는
늘그막 어렵사리 얻은 두루마리 하나가 있다
― 〈지도(地圖) 이야기〉 전문

이와 관련된 작품으로는 〈지도(地圖) 읽기〉라는 작품이 더 있다. 이것에 관해서는 관련 성구 둘을 인용하는 것으로 열쇠를 대신 하기로 한다.

『성경을 상고하라. 이는 너희가 성경에 영생이 있다고 생각함이니, 그 성경은 나에 관하여 증거하고 있음이라』(요한복음 5:39).
『영생은 이것이니, 곧 사람들이 유일하시고 참 하나님이신 아버지와 아버지께서 보내신 예수 그리스도를 아는 것이옵니다』(요한복음 17:3).

전자는 예수 그리스도께서 성경을 상고하라고 명령하신다. 그 까닭은 성경에 영생이 있기 때문이며, 그 성경은 나, 곧 예수 그리스도를 증거하고 있기 때문이라 하신다. 이것이 인간의 말이라면 이처럼 오만방자

한 말도 없을 것이다. 그러나 그분이야말로 바로 창조주 하나님이 인간의 몸을 입고 오신 분이기에 비로소 가능한 말씀이다.

후자는 보다 구체적이다. 아버지 하나님과 아들 하나님인 예수 그리스도를 아는 것이 영생이라고 하신다. 너무도 엉뚱하면서도 신비로운 말씀이 아닐 수 없다. 영생을 얻기 위해서는 성경을 공부하는 길 외에 다른 길은 없다. 성경을 통해서만이 참 하나님이신 아버지와 그 아들 예수 그리스도를 알 수 있기 때문이다. 놀랍고도 복되어라, 지금 내 손에 쥐어진, 삭제되거나 변개되지 않은 한글킹제임스성경, 바로 이 한 권의 책이 곧 영원의 성으로 가는 미증유의 지도책이라니!

4

지난 수년간 작품을 써오면서 내가 새롭게 깨달은 기독교적 진리나 신념 등을 표현하려 정성을 쏟아온 것은 사실이다. 또한 그것들을 가능하면 기독교적 색채가 너무 야단스럽지 않게 승화된 경지로 이끌기 위해 심혈을 기울인 일 역시 사실이다. 그러나 결과적으로는 그 일이 결코 쉬운 일도, 만만한 일도 아니었음을 이 순간에 고백하지 않을 수 없다.

따라서 이번 시집에 수록할 작품들을 최종적으로 선별하면서 기독교적 색채가 너무 노골적이지 않고 보는 사람에 따라서는 종교적 냄새를 거의 맡을 수 없는 작품들에 우선을 두었다. 그러다보니 자연 그렇지 않은 것들은 후일을 기약하며 제쳐두지 않으면 안 되었다. 기독교적 진리나 신념을 너무 앞세우다 보면 자칫 목소리만 높고 시는 잃어버리기 십상이라는 염려에서였다.

이번 시집의 발문은 앞에서 보는 바대로 민병도 시인이 썼다. 나는 설사 그가 나의 신앙시에 대해 부정적인 견해를 피력한다 하더라도 못마땅해 하거나 불편해 할 처지는 아니다. 그만큼 그는 나의 오랜 지기(知己)요 어떤 의미에서는 동반자이기도 한 때문이다. 그러나 그는 그런 나의 우려를 불식시키기라도 하듯 다음과 같은 견해를 해설에 삽입해 놓고 있다.

〈지금 그는 학교에서 학생들을 가르치는 선생님에서 길 잃은 양들에게 천품의 길을 인도하는 목회자로 보직을 바꾼 상태이다. 하지만 그럼에도 이번 시집에는 눈에 두드러지는 종교시가 보이지 않았다. 그 점 또한 반갑고 고마웠다. 왜냐하면 작품에서 종교성을 띠는 것은 지극히 자연스러운 일이다. 하지만 종교성을 목적으로 하는 시는 종교시가 되고 만다는 점에서 의미가 달라진다.〉

　나는 일차적으로 나의 신앙시들이 아주 조악한 상태에 머물지는 않았다는 점에서 얼마간 마음이 놓인다. 그러나 민병도 시인이 너그러이 봐 주었다 해서 전국의 독자들이 고분고분 역시 그렇게 봐 주리라는 보장은 어디에도 없다. 아니, 어쩌면 상당수는 과학이 고도로 발달한 21세기에 과학적으로 검증도 안 된 것들을 사실인 양 주장하고 있다는 반론을 제기할는지도 모르겠다.
　그러나 나는 그들에게 감히 일러주고 싶은 말이 있다. 성경은 우주와 지구의 창조주요, 모든 과학과 법칙의 원천이신 하나님께서 40여명의 신실한 기록자들을 통해 기록하신 그분 자신의 말씀이라는 사실을 나는 믿는다고…. 그리고 이 성경 첫 장부터 마지막 장까지 기록된 그 어떤 기적과 이적까지를 포함하여 모든 것이 사실이요 진리임을 또한 믿는다고….

　아무려나, 이 글을 읽고 공감해주는 열 사람이 있다면 나는 기쁠 것이다. 아니, 더도 말고 덜도 말고, 여기서 몇 걸음 더 나아가 금보다 귀한 진리에까지 이르는 한 사람이 있다면 나는 더욱 기쁠 것이다.